AF252381

L'ORIENT

THÉOPHILE GAUTIER

L'ORIENT

TOME PREMIER

PARIS

G. CHARPENTIER, ÉDITEUR

13, RUE DE GRENELLE-SAINT-GERMAIN, 13

Théophile Gautier a laissé épars dans plusieurs recueils et journaux un grand nombre d'études sur l'*Orient*, parues à différentes époques et qui n'ont jamais, jusqu'à ce jour, été coordonnées et réunies.

Nous avons pensé qu'il serait du plus grand intérêt de classer et de présenter dans leur ensemble ces divers travaux sur des pays que connaissait si bien et qu'aimait tant l'illustre écrivain, et c'est la réunion de ces études variées que nous publions sous le titre de : *L'Orient.*

L'ORIENT

VOYAGES ET VOYAGEURS

VENISE [1]

Je me trouvais à Venise au mois de septembre 18... Quelle raison avais-je d'y être ?
Aucune, si ce n'est que cette nostalgie de
l'étranger, si connue des voyageurs, s'était
emparée de moi, un soir sur le perron de
Tortoni. Quand cette maladie vous prend,
vos amis vous ennuient, vos maîtresses vous
assomment, toutes les femmes, même celles
des autres, vous déplaisent : Cerito boite,
Alboni détonne ; vous ne pouvez lire de suite

[1] Écrit en 1842.

deux stances d'Alfred de Musset ; Mérimée vous paraît plein de longueurs ; vous vous apercevez qu'il y a des antithèses dans Victor Hugo et des fautes de dessin dans Eugène Delacroix ; bref, vous êtes indécrottable. Pour dissiper ce spleen particulier, la seule recette est un passe-port pour l'Espagne, l'Italie, l'Afrique ou l'Orient. Voilà pourquoi j'étais à Venise au mois de septembre 18... J'y traitais ma grise mélancolie par de fortes doses d'azur.

La plus singulière ville du monde, à coup sûr, c'est Venise, cet Amsterdam de l'Italie. On l'a décrite mille fois, elle est toujours aussi nouvelle. Qui a vu Vicence peut se faire une idée de Padoue ; Rome ressemble à Florence, Paris à Londres ; Venise ne ressemble qu'à elle-même. Ce n'est ni une ville gothique ni une ville romaine : c'est quelque chose qu'on ne saurait définir. Cette architecture étrange et fantastique n'a rien de commun avec celle que vous connaissez. Ces belvédères sur le sommet des toits, ces cheminées en forme de colonnes et de tours ; ces grands palais de

marbre aux fenêtres en arcade, aux murs ba-
riolés de fresques et de mosaïques, aux frontons hérissés de statues ; ces églises avec leurs
clochers de formes si variées, dômes, coupo
les, flèches, aiguilles, tourelles, campaniles ;
ces ponts aux arches sveltes et hardies tout
chargés de sculptures ; ces piazzas pavées en
marqueterie ; ces canaux qui se croisent en
tout sens, doublant dans leur clair miroir
les maisons qui les bordent ; ces tentes de
toile rayée où se tiennent les marchands ;
ces poteaux armoriés qui servent à amarrer
les barques des nobles ; ces escaliers dont
la mer baigne les dernières marches ; ces
embarcations de toutes grandeurs, yachts,
felouques, chebecs et gondoles, qui filent silencieusement sur l'eau endormie des lagunes ; ces costumes grecs, turcs, arméniens,
que le commerce du Levant y attire ; tout
cela, en face de l'Adriatique, sous le ciel de
Paul Véronèse, forme un spectacle extraordinaire et magnifique que l'on ne peut rendre avec des paroles et qu'on peut seulement
imaginer. Canaletti et Bonnington, Daguerre

et son diorama, tout admirables qu'ils sont, restent encore bien au-dessous de la réalité.

Qu'y a-t-il de plus beau au monde que l'aspect de la piazza di San-Marco, quand on vient du côté de la mer?

A gauche, le palazzo Ducale avec sa façade de marbres rouges et blancs disposés en petits carreaux, sa ceinture de colonnettes, ses trèfles et ses ogives, ses gros piliers trapus dont le fût plonge dans le sol, sa frise crénelée, ses huit portes, son toit de cuivre, ses figures symboliques de Bartolomeo Bono, ses lions ailés, la griffe sur leur livre, son pont des Soupirs, son luxe lourd et sombre, qui le fait à la fois ressembler à une forteresse et à une prison.

A droite, la bibliothèque publique, du dessin de Sansovino, avec son double cordon de colonnes et d'arcades, sa balustrade à jour, sa ligne de statues mythologiques, ses enfants nus, soutenant, au-dessus de la corniche, des feuillages et des festons.

Au milieu, les deux colonnes de granit africain d'une grosseur et d'une hauteur prodigieuses, qui servent de piédestaux, l'une à une statue de saint Théodore, l'autre à un lion ailé de bronze, la tête tournée vers la mer comme pour dénoter qu'il veille à son empire. C'est entre ces deux colonnes qu'ont lieu les exécutions, qui se faisaient autrefois sur la piazza di San-Giovanni-in-Bragola. Le doge Marino Faliero, battu par la tempête, fut forcé de prendre terre en cet endroit le jour de son installation, et cela fut généralement regardé comme de mauvais augure. On sait ce qui en arriva.

Au fond, la chiesa ducale di San-Marco, le plus étonnant édifice qui se puisse voir. Ce n'est pas une cathédrale gothique, ce n'est point une mosquée turque, encore moins une métropole grecque, et cependant c'est tout cela. Ses aiguilles et ses pignons, évidés à jour, sont gothiques; ses trois coupoles de plomb, qu'on prendrait pour des casques, rappellent les mosquées orientales; on est tout surpris d'y voir une croix. Ce grand dôme est antique, ce plein cintre est

roman ; cette tribune qui fait le tour de l'é-
difice, ces quatre colonnes qui portent sur
une seule, ces cinq arches brodées et fleu
ronnées sont byzantines ou moresques. C'est
un incroyable mélange de pierres, de marbres, de porphyres, de briques, de granits,
de mosaïques et de fresques, de dorures et
de statues, d'arabesques folles et hardies, de
piliers ventrus et de colonnes frêles, qui n'a
pas d'exemple au monde et qui n'en saurait avoir. Il faudrait un volume pour décrire l'intérieur ; on dirait une caverne fouil-
lée dans le roc vif avec des stalactites d'or
et de pierreries. Les quatre fameux chevaux
de bronze caracolent sur le portail.

La torre dell'Orologio, bâtie en 1496, sur
les dessins de Carlo Rinaldi, avec son cadran, qui, outre les heures, marque le mouvement de la lune et du soleil, avec sa madone dorée, ses anges en adoration, son lion
sur champ d'azur étoilé, son doge à genoux,
sa cloche où deux jacquemars, représentant
de Mores, frappent l'heure de leur marteau
au grand réjouissement de la multitude.

Les trois grands étendards, supportés par des piédestaux de bronze d'un travail exquis, d'Alessandro Leopardi, auxquels, les jours de fête, on append trois flammes de soie et d'or qui se déroulent gracieusement à la brise de la mer.

Le Campanile, tour d'une élévation prodigieuse, à qui tous les clochers de Venise ne vont qu'à la cheville, et qui est plus haute que la tour de Bologne et d'Argentine. L'ange de cuivre creux qui lui sert de girouette a quatorze pieds de haut. On y monte par une rampe douce et sans escalier. Un immense panorama se déploie à vos yeux ; un ciel clair et profond vous environne, l'horizon s'étend sans fin devant vos pieds ; des côtes plates et des vases d'une teinte cendrée, la mer bleue et transparente forment les bords du cercle ; des toits de toutes les couleurs, de toutes les formes, chatoient au soleil dans le fond du gouffre. Le palazzo Ducale, la Zuecca, les Procuratorie, la chiesa di San-Marco se détachent de ces îlots de maisons ; le clocher de San-Moise, l'aiguille rouge de San-Francisco della Vigna, les tourelles de San-Jona semblent se hausser pour vous atteindre. Plus loin, la Dogana avance sa pointe; San-Giorgo, toute fière de son église de Palladio, de son dôme et de sa tour, se découpe, riante et verte, dans un archipel de petites îles. Vous voyez les prames, les polacres, les brigantins qui font quarantaine à San-Servolo, ou qui voguent à pleines voiles sur le grand bassin; les canaux intérieurs, dont vous ne pouvez apercevoir l'eau, coupent de sillons profonds les masses d'architecture groupées au pied du Campanile. Du reste, ce tableau est muet; cette rumeur sourde, ce vagissement d'une grande ville, qu'on entend des tours de Notre-Dame ou du dôme de Saint-Paul, ne frappent pas votre oreille : aucun bruit ne se fait entendre; Venise, en plein jour, est plus silencieuse que les autres capitales dans la nuit. Cela tient à l'absence des chevaux et des voitures. Un cheval est un phénomène à Venise. Aussi, Byron et ses chevaux, qu'il domptait au Lido, étaient-ils pour les

Vénitiens un grand sujet d'étonnement.

Mais voici le revers de la médaille. Venise est une ville admirable comme musée et comme panorama, et non autrement. Il faut la voir à vol d'oiseau. L'humidité y est extrême ; une odeur fade, dans les chaudes journées d'été, s'élève des lagunes et des vases ; tout y est d'une malpropreté infecte. Ces beaux palais de marbre et d'or, que nous venons de décrire, sont salis par le bas d'une étrange manière ; l'antique Bucentaure lui-même, que les Français ont brûlé pour en avoir la dorure, n'était pas, s'il en faut croire les historiens, plus à l'abri de ces dégoûtantes profanations que les autres édifices publics, malgré les croix et les rispetto dont ils sont couverts. A ces palais s'accrochent comme un pauvre au manteau d'un riche, d'ignobles masures moisies et lézardées qui penchent les unes vers les autres, et qui, lasses d'être debout, s'épaulent familièrement aux flancs de granit de leurs voisines. Les rues (car il y a des rues à Venise, bien qu'on n'ait pas l'air de le croire) sont étroites et sombres, avec un dallage qui n'a jamais été refait. Des vieux linges et des matelas sèchent aux fenêtres; quelque figure hâve et fiévreuse se penche pour vous regarder passer. Nul métier bruyant, nulle animation; quelque rare piéton glisse silencieusement sur les dalles polies. Hors Saint-Marc, tout est mort; c'est le cadavre d'une ville et rien de plus, et je ne sais pas pourquoi les faiseurs de libretti et de barcarolles s'obstinent à nous parler de Venise comme d'une ville joyeuse et folle. La chaste épouse de la mer est bien la ville la plus ennuyeuse du monde, ses tableaux et ses palais une fois vus.

Les gondoles, dont ils font tant de belles descriptions, sont des espèces de fiacres d'eau qui ne valent guère mieux que ceux de terre.

C'est un cercueil flottant, peint en noir, avec une dunette fermée au milieu, un morceau de fer hérissé de cinq à six pointes à la proue et qui ne ressemble pas mal aux chevilles d'un manche de violon. Un seul homme fait marcher cette embarcation avec une rame unique qui lui sert en même temps de gouvernail. Quoique l'extérieur n'en soit pas gai, il se passe quelquefois à l'intérieur des scènes aussi réjouissantes que dans les voitures de deuil après un enterrement.

Les gondoliers sont des marins butors qui mangent des lazagnes et du macaroni, et ne chantent pas du tout de barcerolles.

Quant aux sérénades sous les balcons, aux fêtes sur l'eau, aux bals masqués, aux imbroglios d'opéra-comique, aux maris et aux tuteurs jaloux, aux duels, aux escalades, aux échelles de soie, aux grandes passions à grands coups de poignards, — cela n'existe pas plus là qu'ailleurs.

Voici la manière dont vivent les habitants, j'entends ceux qui ont les moyens de vivre ; elle est la plus monotone de la terre. Ils se lèvent à midi, promènent leur désœuvrement par la ville jusqu'à trois heures, dînent fort sobrement, font la sieste, s'habillent et vont au casino jusqu'à neuf heures ; puis à l'Opéra, où personne n'écoute, attendu que les Italiens sont le peuple le plus musicien de l'Europe ; puis au casino, où ils prennent des glaces, assis tranquillement devant de petites tables, parqués chacun dans leur café respectif : les nobles avec les nobles, les courtiers avec les courtiers, les juifs avec les juifs, les *retirate* (femmes sur le retour) avec les *retirate*, les fringantes (femmes à la mode) avec les fringantes, ainsi de suite ; car, à Venise, les classes ne se confondent pas. Tout ce monde attend le jour pour rentrer chez soi et se coucher. Les Italiens n'ont pas le sentiment du foyer ; ils ne comprennent pas le bonheur de la maison ; ils vivent entièrement dehors.

Les anciens nobles végètent obscurément dans quelque coin de leur palais, sous les combles, mangeant du macaroni au fromage avec leurs valets, à demi vêtus de guenilles pour ménager leurs habits neufs, ne lisant pas, ne s'occupant de rien. Chaque femme, comme dans tout le reste de l'Italie, a son *cicisbeo* ou *patito* qui l'accompagne à la messe, à l'Opéra, au casino ; cela au vu et au su de son mari, qui ne s'en inquiète pas le moins du monde, et sert souvent de médiateur dans les querelles qui surviennent entre eux. Parlez-nous après cela de la jalousie italienne ! Lire, écrire tant bien que mal, faire un peu de musique, voilà à quoi se réduit l'éducation des femmes. Peu vives et peu spirituelles, elles n'ont aucune ressource pour la conversation. Le sigisbéisme n'est pas aussi immoral au fond qu'il le paraît d'abord : c'est une espèce de mariage de cœur auquel elles sont ordinairement plus fidèles qu'au premier ; il est bien rare qu'on se quitte : quand il n'y a plus d'amour, l'amitié le remplace ; quand il n'y a plus d'amitié, l'habitude en tient lieu. On ne saurait rien voir de moins romanesque et de plus bourgeois.

Quant à la beauté des femmes italiennes, dont nos jeunes modernes se sont enthousiasmés sur la foi de Byron, elle n'a rien de bien extraordinaire. Malgré la dénomination générale de beau sexe, en Italie comme ailleurs, les laides sont en majorité : de grandes têtes droites, un peu trop fortes pour le corps,

et tout à fait classiques, un coloris mat et
sans transparence, la gorge mal faite et la
taille épaisse ; ce qu'elles ont de plus beau,
ce sont les mains et les épaules. Quoi qu'en
dise le noble poëte, qui probablement avait
ses raisons pour cela, les Anglaises l'emportent sur elles de toutes les manières.

Je ne comprends guère non plus l'admiration de nos gothiques pour cette ville. Il y
a très-peu d'ogives ; à l'exception du palais
Ducal et de Saint-Marc, toutes les fabriques
sont de cette architecture que l'on ne se fait
pas faute ici d'appeler *rococote* et perruque.
L'ionique y abonde, le corinthien y est en
grand honneur ; le dorique n'y est pas mal
vu ; le toscan et le composite se carrent sur
toutes les façades, et quelquefois tous ensemble sur la même. Les églises sont inondées
de jour, enjolivées de marbre de couleur,
enluminées de fresques, l'or y brille de toutes
parts ; c'est un luxe mondain, une coquetterie profane, toute différente de la majes-
tueuse gravité des cathédrales du moyen âge.
Enlevez l'autel, cela aura l'air d'un salon,

d'une galerie de tableaux. Ces anges seront des Amours, cette Vierge une Vénus, ces saintes des Grâces. La piété des Italiens est toute de surface. Une madone mal peinte aura peu d'adorateurs ; les saints vieux et barbus ne font pas fortune auprès des femmes. Le *Saint-Michel* du Guide, à Rome, est célèbre par les passions qu'il a inspirées. La plus petite église de Venise est riche en tableaux de grands maîtres. Paul Véronèse, Tintoret, Titien, le vieux Palma, le Fiamingo, le cavalier Liberi, Allessandro, Tarchi, Aliense, Malombra, Giovanni Bellino, Diamantini, Giambatista da Conegliano, ont tous, plus ou moins, contribué à embellir de leur pinceau les dômes, les stanze, les scuole, les cloîtres, les palais et les chapelles. Les sculpteurs ne sont pas non plus restés en arrière. Andréa Riccio de Padoue, Sansovino, Alessandro Vittoria, Bartolomeo Bono, Danèse, Nicolo dei Conti, et cent autres, ont couvert de statues et de bas-reliefs tous les monuments publics.

Il y a à Venise cinq cents ponts : celui de

Rialto, d'une seule arche toute de marbre, avec deux rangs de boutiques, et des bas-reliefs représentant des sujets religieux, par Girolamo Campagna, est un des plus connus ; beaucoup d'autres ne lui sont pas inférieurs en hardiesse, en élégance.

Parmi ses trois cents églises, il y en a une foule dont on ne parle pas, et qui méritent cependant qu'on en fasse mention : — La Madonna-de-Miracoli, dont la façade est ornée de porphyre et de serpentine, et où l'on voit l'image de Notre-Dame, sculptée par le célèbre Pirgotèle. — San-Giacomo-di-Rialto, une des plus anciennes de Venise : il y a cinq autels ; sur le plus grand, fait de marbre blanc, est placée une statue de saint Jacques, par Alessandro Vittoria ; l'autel de saint Antoine est embelli de colonnes de marbre de couleur, et l'image du saint en bronze est de Girolamo Campagna. — San-Rocco : la statue du saint est de Bartolomeo Bergamano ; deux autres, de saint Sébastien et saint Pantaléon, de Mosca. Le tableau d'autel représentant l'Annonciation a été peint

par Francesco Solimeno, de Naples. Les autres peintures sont de Pordenone, du Tintoret, de Titien, de Vivarini et d'Antonio Fir-
miani. — San-Geminiano : la Maddalena,
Santa-Maria-Zobenigo sont dignes d'attirer
l'attention de l'artiste et du voyageur. San-
Giovanni-et-Paolo, près la scuola di San-
Marco, possède quinze autels ; le principal
est un des plus beaux et des plus majestueux
de la ville ; il est fait de marbre fin, avec
un tabernacle élevé sous un arc, porté par
dix grandes colonnes, et deux anges sur les
côtés, qui ont chacun dans la main une cas-
sette dorée contenant les reliques de saint
Jean et de saint Paul. La chapelle de Notre-
Dame du Rosaire vaut qu'on y fasse attention. L'autel est isolé, avec une coupole
soutenue par quatre colonnes de marbre précieux ; la statue de la Vierge est d'Alessandro Vittoria ; quelques autres, de Girolamo
Campagna. Les bronzes de la chapelle de
Saint-Dominique ont été fondus par Mazza,
de Bologne. Il faudrait une page rien que
pour écrire les noms des artistes célèbres

dont on y admire les ouvrages, et des personnages illustres dont les mausolées et les épitaphes couvrent les murs et le pavé.

Le palazzo Ducale, les scuole, les palais Grimani, Pisani, Rezzonico et Grani renferment, en tableaux et en statues, d'innombrables richesses. Nous ne parlerons pas de l'escalier des Géants, avec ses deux colosses de Sansovino ; des statues d'Adam et d'Ève, d'Andréa Riccio ; des deux puits de bronze ornés d'arabesques et de figures, par Niccolo dei Conti, et de toutes les merveilles du Cortile, ni de la gueule de lion, qui, dépouillée maintenant de ses terreurs mystérieuses, ressemble à s'y tromper à une boîte aux lettres, ni du conseil des Dix, ni des seigneurs de la nuit, ni de tout cet attirail de francs-juges et d'inquisiteurs dont la République sérénissime aimait à s'entourer ; d'ailleurs, la domination autrichienne a remplacé tout cela, et, maintenant, c'est un officier allemand, *un tedesco*, qui épouse la mer. Et pourtant rien n'est changé à Venise ; car, c'est une chose digne de remarque, en Italie, on n'a rien bâti depuis trois cents ans ; la ville a conservé sa physionomie du quinzième siècle ; pas une construction nouvelle ne vient faire dissonance. Ce luxe des habitations fait un singulier contraste avec la misère des habitants. Ce sont des résidences royales occupées par des gueux. C'est comme si une famille ruinée était forcée, faute de se pouvoir loger ailleurs, de garder la maison de ses pères jadis riches, et de courir en guenilles et nu-pieds par les beaux appartements dorés et couverts de tableaux. Le confort est ce qui manque absolument à Venise, ville bâtie dans un autre temps, pour d'autres mœurs et d'autres usages. Les mœurs et les usages s'en sont allés ; la ville reste ; et ceux qui y sont n'ont pas de quoi la refaire. Venise, maintenant, n'est plus qu'une admirable décoration, un beau sujet de diorama ; tout y est sacrifié à l'extérieur.

Artistes ! pendant qu'elle est encore debout, — et, dans quelque temps d'ici, ce ne sera plus qu'une ruine immense au milieu d'un marais méphitique, praticable tout au plus pour les poissons, — allez, copiez toutes ces façades, dessinez ces statues, faites des croquis d'après ces tableaux; puis, quand votre mémoire sera pleine, et votre album couvert d'un bout à l'autre, si vous voulez garder votre illusion, suivez mon avis, partez vite, et ne revenez plus, et vous croirez avoir fait un beau rêve!

LE DANUBE

ET LES POPULATIONS DANUBIENNES

D'APRÈS LES AQUARELLES ETHNOGRAPHIQUES DE M. TH. VALERIO.

I

Les touristes ont leurs habitudes. Ils affectionnent de certains pays et ne poussent pas leurs excursions au delà. Les artistes euxmêmes, que la curiosité pittoresque et le désir de trouver de nouveaux types sembleraient devoir entraîner vers les contrées moins connues, s'en tiennent presque toujours à l'Italie ou tout au plus à l'Espagne et à l'Afrique française. M. Th. Valerio n'est pas de ceux-là, et il s'est bravement avancé en explorateur à travers des régions pour ainsi dire aussi vierges que les forêts de l'Amérique, bien qu'elles occupent une grande surface de l'Europe et fassent partie d'un empire civilisé. Un bien petit nombre de voyageurs y ont pénétré, et parmi ceux-là presque tous étaient étrangers à l'art et aux lettres et n'ont point fixé leurs souvenirs. M. Valerio a comblé cette lacune, et, après un séjour de deux ans, il rapporte toute la Hongrie dans son portefeuille en aquarelles d'une fidélité rare et d'une exécution supérieure.

Pendant que nous examinions ce riche album, l'artiste nous racontait son voyage à mesure que se présentaient les types des pays qu'il avait parcourus, et, de ces nettes et vives remarques, nous allons composer une sorte de texte nécessaire à l'intelligence des figures. La série de dessins terminée par M. Valerio, qui ne s'en tiendra pas là et peindra tous les types de la monarchie autrichienne, comprend la Hongrie, mais surtout cette Hongrie pittoresque et sauvage qui ne commence guère qu'au delà du pont de Szolnok.

Quand on a franchi la Theiss sur le pont chancelant, un horizon indéfini se déploie devant les yeux comme un océan immobile. La plaine s'étend brune et bleuâtre, miroitée de flaques d'eau et de marécages au-dessus desquels tournent des vols d'oiseaux aquatiques ; seule, la silhouette d'un puits, dressant sa poutrelle comme l'antenne d'un mât, se dessine sur le ciel et rompt la monotonie de la ligne droite. Quelques charrettes traînées par des bœufs, des voitures de paysans attelées d'un quadrige de petits chevaux échevelés et farouches sillonnent les chemins défoncés, profondes ornières creusées dans un sol meuble. — Là, commence la Hongrie caractéristique où les vieilles mœurs se sont le mieux conservées, où le sang a subi le moins de mélange. — Le steppe, comme la pampa d'Amérique, comme le despoblado d'Espagne, comme le désert d'Afrique ou d'Asie, sert d'asile à des popula-

tions pastorales qui vivent, libres et vaga-
bondes, loin des villes, des villages et de
toute agglomération humaine. Dans l'été les
mirages du Sahara se reproduisent sur ces
vagues espaces, et le voyageur s'imagine cô-
toyer des lacs, des oasis, qui se reculent et
s'envolent lorsqu'on avance. — Parfois
un sourd ouragan gronde au loin ; un tonnerre rhythmé bat le court gazon, c'est une
horde de chevaux sauvages qui parcourent
l'immensité les crins au vent, emportés par
quelque caprice ou quelque terreur, — ou
bien derrière une touffe de bruyères rit et
pleure, accompagnant une chanson bizarre,
le violon d'un bohémien.

Ce pays, étrange comme un rêve, est res-
serré entre la Theiss, la Koros, la Maros et
le Danube ; M. Th. Valerio l'a visité et par-
couru dans tous les sens, étudiant chaque race,
au point de vue ethnographique, et tâchant
de joindre à la couleur du peintre l'exactitude du naturaliste, d'après le conseil judi-
cieux de M. de Humboldt, qui l'a engagé à
faire ce travail anthropologique et pittores-

que pour toute la monarchie autrichienne.

Le portefeuille que nous avons sous les yeux contient les dessins, exécutés pendant un voyage fait en 1851 et 1852 en Hongrie, Croatie, le long des frontières militaires et des frontières de Bosnie ; il est divisé en plusieurs parties : 1° les populations hongroises de la plaine ; 2° les races slaves et hongroises des Carpathes ; 3° les tribus tsiganes ; 4° les populations slaves des frontières militaires et de Bosnie ; 5° les populations valaques des frontières de Transylvanie.

Nous allons en détacher quelques feuilles et les faire passer sous les yeux de nos lecteurs, autant que des mots peuvent remplacer de vives et chaudes aquarelles.

En ouvrant le carton, nous tombons sur des pêcheurs des bords de la Theiss. Un soleil noyé chauffe un horizon de brumes rousses et de nuages pluvieux ; l'eau, presque fondue avec le ciel et sillonnée de rives plates que bordent des aunes, s'étend en larges nappes. Sur ce fond de transparence se dessine en vigueur une barque amarrée à des piquets, entre des roseaux, qui forme premier plan, et où se tiennent deux pêcheurs, l'un fumant sa pipe et l'autre ramenant un filet. Tous deux sont coiffés d'une espèce de bonnet à bords relevés en turban, assez semblable au sombrero calañes espagnol. Celui qui est debout se drape dans une houppelande à plis épais, d'une majesté singulière ; l'autre, pour être plus libre dans son travail, n'a que des grègues, une chemise de toile et une sorte de gilet bleu ; leurs cheveux noirs à longues mèches, leurs nez minces et aquilins, leur teint couleur de cuivre, donnent bien l'idée d'une race à part et dont le type ne s'est pas abâtardi.

Le berger hongrois sur la Pusta vaut la peine d'être décrit particulièrement, car il est national au plus haut degré. On appelle *Pusta*, en Hongrie, un vaste espace inculte, éloigné de tout bourg et de tout hameau, ou habité par un propriétaire isolé ; c'est un mot slave que les Hongrois ont pris dans leur langue, et qui n'a pas de juste équivalent en français.

Des archipels de nuages, laissant déjà tomber la pluie en hachures de leurs flancs grisâtres, roulent pesamment dans un ciel humide et blafard et se mêlent par des lignes violettes à la terre embrumée ; quelques touffes de bruyère, quelques plaques de gazon varient seules ce paysage d'une solitude mélancolique, au milieu duquel s'élève, comme une statue dans un désert, un berger monumental au lourd manteau à manches, à la veste rouge soutachée, aux immenses braies de toile à voile, tenant d'une main un fouet et s'appuyant de l'autre sur un bâton. A quoi rêve-t-il immobile et grave entre ses deux chiens, pareils à des loups apprivoisés, pendant que ses moutons paissent et ruminent ?

La troisième aquarelle représente des *Bohémiens faisant de la musique*, et nous a rappelé le *Cabaret dans la bruyère* de Lenau, ce poëte en qui palpite une fibre si nationalement hongroise et qui a si bien compris les charmes de la vie libre et sauvage des Tsiganes. Tandis que le plus vieux joue d'une espèce de contrebasse, le plus jeune, accoté contre le mur, attaque les cordes de son violon d'un air fier et dédaigneux, ses narines se gonflent, sa bouche frémit, ses cheveux s'agitent comme de noirs serpents ; sans doute il exécute la marche de Rakoczky le rebelle, et les buveurs attentifs laissent leurs chopes pleines sur la table. Ce ne serait peut-être pas calomnier les pratiques de ce pittoresque cabaret que de dire, comme dans la ballade, « les filles étaient fraîches et jeunes, elles avaient des corps sveltes, prompts à se tourner, légers dans leurs sauts ; les garçons..... les garçons étaient des voleurs. »

Ces trois beaux dessins vigoureusement coloriés, et qui valent des tableaux, appartiennent au prince Esterhazy. Nous en avons parlé avec détail parce qu'ils sont composés et que leurs fonds donnent une idée du paysage hongrois.

La *femme mariée d'Arokszallas allant à la messe* est un superbe échantillon humain. Jamais plus noble costume n'a revêtu plus belles formes. La tête, vue de profil, est d'une régularité parfaite et semble frappée par un coin de médaille : la marmotte de taffetas noir qui l'enveloppe a la majesté d'un diadème. Une veste de velours vert, fourrée, pareille à un dolman de hussard, ourlée d'un galon d'or et frappée d'une plaque de broderie à la poitrine, est jetée opulemment sur un corsage rouge et sur une jupe de soie changeante que recouvre un tablier noir garni de dentelles ; la main, perdue dans les fourrures, tient un mouchoir et un livre de messe en velours nacarat à coins d'argent. Puis viennent des bergers pareils à ceux que nous avons décrits, des paysans aux yeux bleus avec des variétés de types que le dessin seul peut rendre. — Arrêtons-nous à cet heiduque d'Arokszallas, si fièrement campé et si pittoresque avec sa cravate et ses manches bouffantes, sa veste à brandebourgs blancs posée en dolman sur l'épaule, son pantalon bleu enjolivé de soutaches et englouti dans ses bottes, son mouchoir sortant de sa poche, son chapeau retroussé, sa physionomie robuste et martiale ; regardons aussi

cette jeune figure militaire si fine, si douce
et si résolue à la fois, dont les yeux d'azur
ressortent au milieu d'un teint hâlé, et qui
porte un bout d'épaulette cousu à un manteau blanc, liséré de couleurs comme une
capa de muestra espagnole. Quelle charmante
créature que cette jeune paysanne allant
chercher de l'eau au puits, chargée d'amphores comme Rebecca ou Nausicaa! Sa tête,
pure et douce, est encadrée dans les plis vio-
lets d'une étoffe nouée sous le menton; un
jupon rose dépasse sa robe bleu foncé, une
écharpe blanche, striée à son extrémité de
raies rouges et bleues, pend gracieusement
de son épaule. — Quant aux pieds, ils sont
nus, ressemblance de plus avec la Bible et
l'Odyssée.

Des Hongrois de la plaine, nous passons
aux races slaves et hongroises des Karpathes.
Le premier qui se présente est un serrechaner du régiment frontière d'Ottochaz; le type
et le costume sont tout à fait différents : c'est
un mélange hybride de chrétien et de musulman; une veste turque cramoisie, un bur-

nous rouge, une ceinture à raies hérissée d'un arsenal d'yatagans et de coutelas, des pantalons à la mameluk, des babouches de sparterie, une carabine à crosse ouvragée portée en bandoulière, forment son équipement; la tête, coiffée d'un bonnet rouge, est basanée, hardie et fière. Si celui-là paraît demi-Turc, celui-ci est Turc tout à fait; un turban amarante roulé en spirale encadre son masque fauve et ridé, aux yeux d'un gris pâle, aux moustaches rousses, à l'expression de férocité tranquille et de courage fataliste; son corps maigre s'affaisse sous les vestes, les gilets, les dolmans et les ceintures aux mille plis. Tel on se figure un des Arnautes d'Ali-Pacha.

Voici maintenant Stana Popovic, du village de Skrad, une robuste et solide beauté qui vous regarde en face de ses yeux vert de mer aux longs cils noirs recourbés, et laisse pendre sur son ample poitrine ses cheveux en tresse échappés de sa coiffe blanche; une ceinture orientale ornée de boutons maintient sa taille, et sa main s'insère dans le pli d'un tablier épais comme un tapis et garni d'une longue frange d'effilé. Une jupe blanche, une sorte de tunique de drap olive bordée d'un galon rouge, quelques rangs de verroteries et d'amulettes, complètent ce costume sévère, qui n'est pas sans rapports avec celui des femmes de la campagne de Rome.

La beauté de Sava Birtinka, femme grecque de Bosnie, diffère du type un peu tartare de Stana Popovic ; sa figure ovale, ses traits allongés, son nez en ligne droite rappellent le type classique des statues, adouci par une expression de souffrance rêveuse ; une large ceinture bariolée, enrichie d'un rang de pièces de monnaie percées, serre son gilet rouge et son tablier étoffé comme un tapis turc ; sa chemise est agrémentée d'une petite broderie rose ; son cafetan bleu a des broderies vertes, jaunes et rouges, et des rangs de monnaies jouent sur sa veste avec les tresses de ses cheveux.

M. Th. Valerio, qui n'a pas fait dans un but purement pittoresque le grand travail auquel nous avons consacré cette étude, s'est attaché à rendre avec une fidélité scrupuleuse les individus des différentes races dont il rapporte les modèles choisis. — Chaque dessin est à la fois un type et un portrait; on y devine le caractère, les mœurs et en quelque sorte l'histoire du personnage représenté, tant l'étude est individuelle; le visage, le port, l'allure, tous les signes ethnographiques occupent autant l'artiste que les particularités, pourtant si originales et si bien rendues, du costume. Quelle belle tête, par exemple, que celle de Sava Momcillovic, arambasi du village de Duynak! un type blond, aristocratique, presque anglais, et qui ferait croire à un lord déguisé, se passant la fantaisie excentrique de quelques mois de vie indépendante et sauvage : les grands yeux bleus fermes et tristes, le nez fin, d'une courbure légèrement aquiline; la lèvre dédaigneuse que gonfle un spleen byronien, sous une longue moustache effilée, le teint blanc et rose encore, à travers une couche de hâle du même ton que les cheveux, composent une physionomie d'une élégance rare et d'une distinction suprême. Otez à ce gentleman de la montagne ses cafetans rouges, ses gilets à mille boutons, ses cnémides grecques, sa ceinture orientale, sa cartouchière de cuir, sa panoplie d'armes féroces; mettez-lui un frac noir, gantez de blanc sa main nerveuse et brunie, et vous aurez un élégant irréprochable, un dandy dont la réception au Jockey-Club ne serait attristée d'aucune boule noire.

Bozo Raatic, oberbascha du régiment de Sluin, est d'un caractère tout opposé. — La nature semble avoir pris à tâche de réaliser en lui l'idéal qu'on se fait d'un brigand romantique. Son masque maigre, osseux, orné d'un nez en bec d'oiseau de proie dont la courbure commence au front, charbonné de noirs sourcils, accentué de moustaches et de favoris terribles, bizarrement bruni du soleil et bleui des teintes d'une barbe fraîchement faite, frappé d'une fossette qui sépare presque le menton en deux, paraît créé tout exprès pour épouvanter les voyageurs, les femmes et les petits enfants; il est beau ce-

pendant, mais d'une beauté de mélodrame,
visant à l'effet et à la terreur.

Un bonnet rouge, pareil au bonnet cata-
lan, retombe sur son épaule, alourdi par trois
rangs de houppes violettes ; sa soubreveste
forme devant sa poitrine comme une cuirasse
de boutons ; son dolman soutaché, garni de
fourrures, aux larges manches fendues que
rattache une ganse, laisse voir la chemise re-
tombant sur les poignets brodés ; sa ceinture
lâche, rayée de blanc, de rouge et de jaune,
contient toute une boutique d'armurier ; des
manches d'yatagans et de coutelas, des cros-
ses de pistolets montrent le nez hors de ses
plis. Trois gibernes, dont une de velours cra-
moisi agrémentée d'argent à la turque, contiennent les munitions de cet arsenal formidable ; un petit godet de cuivre pour mesurer
les charges de poudre se rattache à ce système de défense complété par une carabine
reposant entre les jambes du matamore ; des
grègues bleues à l'orientale, des jambarts à
dessins variés, d'épaisses sandales et un
grand manteau écarlate achèvent cet équipe-

ment compliqué, et qu'on croirait, dans son élégance barbare, dessiné par un costumier de théâtre.

Pour faire opposition à ce gaillard farouche, esquissons, d'après M. Valerio, les portraits de trois femmes de Bosnie (populati n catholique). — La première de ces beautés, si l'inscription tracée au bas de la feuille n'indiquait le contraire, a plutôt l'air d'une odalisque échappée au harem d'un pacha que la femme d'un chrétien : une calotte blanche bordée d'un galon noir et constellée de plusieurs rangs de pièces d'argent trouées se détachant sur une strie rouge, emboîte exactement le haut de sa tête, laissant libre le lobe des oreilles, derrière lesquelles pendent deux longues tresses de cheveux ; cette coiffure, presque semblable à un casque, sied admirablement à cette physionomie noble, triste et douce, qu'éclairent deux yeux gris rêveurs, surmontés de sourcils d'un arc si pur, qu'ils semblent avoir été régularisés par le surmeth ; l'Orient et l'Occident se donnent un baiser sur les lèvres d'un tendre incarnat, et la pla-

cidité fataliste se mêle à la résignation catholique dans ce charmant visage si tranquillement beau ; le col disparaît presque sous un
fouillis de grains de corail et de rassades, et
des chaînettes, semblables à des jugulaires
lâches, encadrent l'ovale de la figure et se rat-
tachent aux boucles d'oreilles. — Nous avons
vu de pareilles mentonnières aux juives de
Constantine, et, comme ici, l'effet en était
charmant. Une veste blanche historiée de galons et d'agréments noirs, une grande tunique de toile enjolivée de broderies de couleur au collet et serrée à la taille d'une
ceinture rouge, composent ce costume d'une
simplicité et d'une noblesse rares. La main
gauche, cerclée au poignet d'un bracelet de
verre ou d'émail bleu, joue avec le cordon
en sautoir d'une bourse ou d'une amulette
pailletée de sequins. La main droite pose
fermement sur la saillie de la hanche. Les
pieds, que n'a jamais déformés la chaussure,
ont la sveltesse des extrémités des statues antiques.

Si cette beauté a quelque chose d'oriental,

celle qui la suit dans la collection nous reporte en plein moyen âge. — Vous ne vous
seriez peut-être pas imaginé que les modèles
de Hemling, de Lucas de Leyde et de Quen-
tin Metzu vivaient encore, et vous pensiez
que ces types d'une grâce gothique n'exis-
taient plus que sur les volets des triptyques
et les retables des autels; M. Th. Valerio les
a retrouvés intacts au fond de la Bosnie, et
si nous n'étions pas sûr de la rigoureuse fidélité de ses dessins, nous croirions volontiers qu'il a copié à l'aquarelle les peintures
naïves de ces maîtres primitifs. Sur une calotte rouge, dont on n'aperçoit que le bord,
s'étale en bandeau un large mouchoir blanc
qui laisse pendre jusqu'à l'épaule sa pointe
brodée; par-dessus est jeté un gazillon rose
moucheté de fanfreluches bleues, dont les
bouts retombent de chaque côté; une large
étoile de saphirs, placée en féronnière, brille
au milieu du front, des bandeaux nattés encadrent les tempes et les pommettes; un flot
de soie, crinière azurée du fez, ondoie derrière l'oreille, sous la transparence laqueuse

du crépon ; la tête, d'une ingénuité et d'une douceur charmantes, avec ses grands yeux orangés, sa petite bouche d'un rose fin et sa blancheur délicate, a la grâce enfantine et mignonne des jeunes saintes et des nobles damoiselles représentées dans les missels et les romans de chevalerie par les enlumineurs du quinzième siècle ; un collier d'aigues-marines joue sur sa poitrine serrée au-dessous du sein par une sorte de brassière de velours violet, cousue de galons d'or formant des zigzags et bordée d'une tresse cramoisie ; la robe blanche, à manches larges, ornée de quelques arabesques d'or, et nouée à la taille d'un foulard cerise, descend jusqu'aux pieds, chaussés de petites babouches turques à houppes de soie.

La troisième a une coiffure presque pareille, sauf un rang de sequins percés qui frange le tarbouch ; une pièce d'or d'un plus grand module, rattachée à la calotte par un fil de soie, pend sur le front jusqu'à l'entre-sourcil et produit un joli effet de luxe barbare ; les yeux sont bleus et les cheveux blonds, et la physionomie, quoique charmante, respire une certaine résolution ; la bouche a de la smorfia et le nez du caprice ; ce n'est plus la résignation passive et la sérénité presque animale des autres types. Des colliers de pâte du sérail, des pièces de monnaie enfilées et des verroteries bruissent et scintillent sur la gorge. La brassière est devenue une veste de velours nacarat, résolûment turque, ramagée d'arabesques d'or ; la robe s'est divisée en larges pantalons rouges. Quand les artistes du moyen âge voulaient peindre une Hérodiade, ils inventaient, dans leur ignorante fantaisie, un costume oriental, mi-partie de gothique et de sarrasin, qui rappelle beaucoup celui de la femme bosniaque dessinée et coloriée par M. Valerio.

Passons de ces infantes au paysan slovaque d'Arva ; c'est un jeune garçon à physionomie ouverte et franche, mais dont le nez n'offre plus ces courbures héroïques des races d'Orient. Le type devient carré et camard et plus honnêtement rustique. Un chapeau à larges bords, une chemise de grosse toile, un pantalon demi-collant autour duquel tournent des ficelles d'alpargatas, un caban d'une épaisse étoffe brune, un ceinturon de cuir, remplacent le clinquant oriental et le papillotement pittoresque de la coquetterie barbare ; ce débonnaire Slovaque porte sur l'épaule, au lieu d'une carabine incrustée, un paquet de fil d'archal, et à son côté pendent, en place de gibernes, trois ou quatre souricières, comme il sied à un lointain descendant du preneur de rats de Hammel. — Nous voici en pleine civilisation. — Regardez ce grenadier à la courte tunique blanche, au long pantalon bleu, à l'énorme bonnet à poil, dont une branche de feuillage forme le plumet ; il y a loin de là aux pittoresques bandits du banat et des frontières.

Sans négliger les races sédentaires, M. Valerio a étudié avec amour les populations tsiganes des Carpathes et de la plaine. En effet, rien ne peut séduire davantage un peintre que cette race bizarre et mystérieuse apparue en Europe vers le commencement du quinzième siècle et ne se rattachant à

aucune souche connue. Faut-il y voir la con-
descendance de quelque tribu paria de l'Inde,
poussée loin de sa patrie par cet irrésistible
instinct de migration qui saisit les peuples
comme les oiseaux à certaines époques cli-
matériques, ou peut-être fuyant le mépris et
l'oppression des castes supérieures? Vien-
drait-elle d'Égypte, comme on le croyait
vulgairement au moyen âge? C'est ce que la
science n'a pu encore décider, quoique les
hypothèses plus ou moins ingénieuses aient
été soutenues en divers sens. — Aucune civilisation n'a pu résorber ces hordes nomades
qui flottent sur l'Europe comme une écume.
— Comme les Bédouins, les Tsiganes de
tout pays ont horreur des villes et semblent
étouffer dans les maisons de pierre : ils cam-
pent sous les toiles de leurs chariots ou se
terrent dans des trous, sous quelque touffe
de broussaille, toujours à l'extrémité du village, au bout de quelque faubourg désert.
Le bien-être et le confort n'ont aucune séduction pour leur sauvage indépendance, et
partout, en Espagne, en Angleterre, en

France, comme en Bohême, vous les retrouvez accroupis autour du chaudron où se prépare leur cuisine primitive : ces Tsiganes des Carpathes et de la Hongrie, nous les avons vus au barrio de Triana de Séville, à l'Albaycin de Cordoue, au potro de Cordoue, à la playa de San Lucar, avec le même teint de cuir tanné, les mêmes cheveux bleus, les mêmes yeux d'aigle, les mêmes haillons pittoresques.

M. Valerio a reproduit à merveille ces visages de bistre, au nez busqué, que trouent, comme des jets de flamme, des regards d'une clarté et d'une fixité inquiétantes, et autour desquels se tordent en fines annelures d'étroites mèches d'un noir de jais, rebelles au peigne et au fer; ces cols et ces poitrines d'un brun violâtre, qui semblent avoir été brûlés par le soleil caustique de l'Inde et en garder l'empreinte indélébile. Quels tons fauves, rances, déteints et rompus il a su trouver pour ces sordides défroques, où pointe cependant à travers la misère une velléité de coquetterie sauvage! Parmi les

têtes de femmes, une surtout nous a frappé :
— c'est une jeune fille tsigane, coiffée d'un bout de foulard jaune, et brune de ton comme une Indienne du Malabar ou de Ceylan ; l'ovale du masque est très-allongé ; le nez mince et fin d'arête a une noblesse singulière ; un demi-sourire erre avec mélancolie sur les lèvres presque violettes comme celles d'une négresse, et les yeux vous traversent l'âme par leur éclat stellaire et leur pénétration fatidique : ce sont bien là des prunelles qui doivent lire couramment dans les astres et dans l'avenir. — Les maquignons, les forgerons, les musiciens abondent ; car tout Tsigane se mêle d'un de ces métiers et souvent les professe tous trois. Avec quelle indolente rêverie ce Bohême au teint couleur de revers de botte penche les longues boucles de ses cheveux sur son violoncelle ! comme il s'endort et se berce dans sa musique ! En le dessinant, M. Valerio a dû se souvenir du Lied de Lenau :

« En passant au milieu des bruyères, j'ai trouvé trois Bohémiens couchés sous un saule.

« L'un d'eux, tenant son violon, jouait à la lueur des derniers rayons du soleil un air plein de feu.

« L'autre fumait sa pipe et, aussi tranquille que s'il ne lui eût rien manqué sur la terre, regardait sa fumée se disperser mollement dans les airs.

« Le troisième dormait nonchalamment; sa cymbale était suspendue à un arbre au-dessus de sa tête. Le vent jouait à travers son instrument, et un rêve ineffable charmait son âme.

« Cependant leurs vêtements n'étaient que des haillons mal assortis; mais, dans l'ivresse de leur indépendance, ils narguaient la misère ainsi que l'injustice du sort.

« Ils m'ont enseigné trois fois comment, si le sort nous trahit, on peut le mépriser trois fois en fumant, en jouant et en dormant.

« J'ai longtemps penché la tête hors de la voiture pour contempler ces Bohémiens, dont les visages bruns, les longues boucles de cheveux noirs sont encore présents à ma pensée ! »

— Les aquarelles de M. Valerio, d'après les Tsiganes, traduisent admirablement ces vers.

Il serait à désirer qu'un pareil travail ethnographique fût entrepris sur les peuples qui offrent encore des physionomies caractéristiques et des types que le mélange des races, amené par la civilisation, ne tardera pas à faire disparaître. Le genre humain retrouverait là ses archives.

II

Nous venons de rendre compte du travail si important, au point de vue de l'art et de l'anthropologie, accompli par M. Th. Valerio dans les provinces semi-orientales de la monarchie autrichienne, la Hongrie, la Croatie, les frontières militaires, celles de Bosnie et de Transylvanie. M. Valerio a réuni et fixé des types caractéristiques et curieux, des costumes sauvagement pittoresques, qui ne tarderont pas à disparaître sous le niveau de la civilisation, et dont ses aquarelles seront bientôt le seul témoignage ; aucun peintre ne s'était jusqu'à lui hasardé à travers ces plaines immenses où galopent des bandes de chevaux en liberté ; ces landes de bruyère où le Tsigane joue du violon sur le seuil du cabaret hanté par les bandits ; ces *pustas* que domine le berger rêveur, immobile comme une statue sous son épais manteau imperméable à la pluie, dont les fils grisâtres hachent le ciel brumeux ; ces marécages drapés d'herbes aquatiques ; ces routes, ornières de boue, qui cahotent si durement le chariot de poste attelé de petits chevaux échevelés et maigres. Outre le talent de l'artiste, il faut une véritable vocation de voyageur pour affronter et supporter les fatigues, les privations, les ennuis et même les dangers d'explorations pareilles : ces qualités, M. Valerio les possède au plus haut point. A peine revenu d'un voyage périlleux pendant lequel sa patience à souffrir eut plus d'une occasion de s'exercer et qui eût dégoûté tout autre, M. Valerio ne put résister à cette idée que l'armée irrégulière turque devait avoir rassemblé dans les provinces danubiennes le ban et l'arrière-ban de l'islam, et qu'il trouverait là une ample moisson à faire des types rares ou inconnus, dont chacun, en dehors de cette circonstance, exigerait, pour être recueilli, un long pèlerinage en des régions d'abord difficiles, sinon impossibles. C'était une belle occasion de continuer le portefeuille ethnographique et anthropologique déjà si riche et d'ajouter à ces races presque inédites de nouvelles variétés de l'espèce humaine.

Chargé d'une mission d'art et de sciences par le ministre de l'instruction publique, M. Valerio partit et exécuta son travail pendant la guerre et au milieu de l'épidémie qui dévastait les bords du Danube, exposé aux balles des Russes et aux miasmes du typhus et du choléra, avec ce sang-froid que l'amour de l'art donne aussi bien que l'héroïsme guerrier.

L'attente de M. Valerio ne fut pas trompée. La guerre, soutenue si énergiquement et si courageusement contre la Russie par la

Turquie, avait amené sur les bords du Danube une partie des populations mahométanes de l'Asie et de l'Afrique; si les armées composées de la sorte laissent à désirer sous le rapport de la discipline, elles sont faites pour charmer l'artiste par leur étrangeté pittoresque. Dans ces bandes irrégulières on trouvait pêle-mêle des Arnautes, des Zebecks, des Anatoliens, des Kurdes, des Arabes de Damas, des Égyptiens, des Nègres de la haute Égypte, du Sennar et du Darfour, des hommes de l'Yémen, et même des Indiens; toutes les nuances possibles de l'épiderme humain, à partir du blanc olivâtre jusqu'au noir le plus sombre, en passant par le brun, le hâlé, le jaune, le cuivré et leurs décompositions; toutes les armes sauvages et barbares, depuis le long fusil incrusté de nacre et de corail jusqu'à la zagaie et au bouclier de cuir d'hippopotame : yatagans, kandjiars, kriss, masses d'arme, pistolets à pommeau d'argent, panoplies bizarres dont les amateurs ornent à prix d'or leur cabinet, et qui sont encore en usage parmi ces hordes en-

tièrement étrangères à la carabine Minié;
toutes les variétés imaginables du vestiaire
oriental avant la réforme, turbans, keffiés,
chachias, burnous, cafetans, dolmans, gandouras, vestes brodées et soutachées, ceintures de soie et de cachemire, fustanelles,
cartouchières de maroquin, casques à pointe
sarrasine, gorgerins de mailles et autres
ajustements à faire délirer un peintre de
joie.

Souvent M. Valerio rencontrait dans la
campagne des bandes de bachi-bouzoucks.
— Le timbalier marchait en tête, tenant entre les dents la bride du cheval et frappant
à coups redoublés sur deux petites timbales
attachées de chaque côté de la selle et ayant
au plus la dimension d'une assiette; puis ve-
naient à la file des cavaliers à figure basanée,
vêtus de manteaux rouges bordés de fourrures, armés de longues lances de bambou
enjolivées, près de la pointe, d'une houppe
de plumes d'autruche. Leurs petits chevaux
à la crinière pendante, à la mine farouche,
étaient caparaçonnés de vieilles tapisseries

dont les lambeaux effilés et effrangés traî-
naient presque jusqu'à terre, en sorte qu'on
voyait à peine les jambes de l'animal. Sur
le flanc de la file gambadait et grimaçait le
bouffon, chargé d'égayer par ses lazzi les ennuis de la route. Decamps se croisant avec la
patrouille turque dans les étroites rues de
Smyrne ne devait pas être plus heureux que
M. Valerio.

D'autres fois, c'était un araba transportant
sous escorte le sérail d'un pacha, — quel
heureux motif pour un peintre que ce char
à bœufs chargé de femmes voilées et suivi de
cavaliers aux costumes étranges ! — ou bien
un bivac installé avec toute l'insouciance
orientale : le pilaf ou le café se faisant sur un
feu de broussailles où les pieds pâles des cadavres mal ensevelis semblent vouloir se ré-
chauffer ; ou encore une sentinelle égyptienne
au teint de bistre, la tête coiffée du fez et
enveloppée d'une bande d'étoffe roulée en
capuche, veillant, dans sa capote militaire,
près d'une guérite formée de roseaux et de
bottes de paille, au milieu de plaines maré-

cageuses où les brumes malsaines s'étalent
sur les eaux plombées.

Le camp turc présentait un aspect des plus
pittoresques. Cette série de tentes coniques
d'un vert pâle usé par le soleil, ces huttes
de paille entre lesquelles circulaient ces physionomies bronzées, ces hommes à l'air calme,
grave, résolu, mêlant l'accomplissement de
leurs devoirs religieux à leurs obligations militaires, donnaient au campement quelque
chose de tout particulier. Au milieu de soldats
qui manœuvraient, faisaient la cuisine, allaient
chercher de l'eau, fendaient du bois, ou pré-
paraient des fours dans le sable pour y faire
cuire le pain, on en voyait d'autres se détacher d'un groupe, étendre leur tapis, s'age-
nouiller, incliner le front jusqu'à terre, in-
voquer Dieu en chantant lentement d'abord
et en accompagnant leur prière d'une oscil-
lation de corps, à la manière des derviches
hurleurs, puis s'animer, se balancer et tirer
du fond de leur poitrine ces pieux rugisse-
ments que nous avons entendus au tekké
des derviches de Scutari, sans faire naître

un sourire de raillerie ou d'incrédulité sur les lèvres de leurs camarades, dont plusieurs cependant ne suivaient pas le même rite. Le sérieux musulman ne sourcillait pas à ces pratiques étranges, à ces exercices divers, faits au milieu d'un camp.

Le long du Danube, des spirales de fumée sortant du sol indiquaient les fours creusés dans le sable et chauffés avec des roseaux, où les Égyptiens faisaient cuire leur pain, à moins qu'ils ne se contentassent de galettes torréfiées sur des plaques de tôle.

Tout en nous montrant les aquarelles et les croquis de son portefeuille, M. Valerio nous racontait les péripéties de son voyage, entre autres son arrivée à Silistrie. Quand il se présenta devant la ville si héroïquement défendue par Moussa-Pacha, les portes étaient déjà fermées, la nuit tombait, le temps était froid, sombre; le vent s'engouffrait par rafales dans les fossés et prenait en écharpe le pont-levis conduisant à la porte devant laquelle grelotait le voyageur arrêté. La porte avait été percée de neuf boulets pendant le siége, et les deux trous du bas servaient de guichets pour examiner les gens du dehors ou parlementer avec les gens de l'intérieur. M. Valerio fit expliquer par son compagnon qu'il avait des lettres de recommandation pour le pacha et qu'il désirait qu'on les lui remît pour hâter son entrée dans la ville.

Après vérification des lettres, on fit passer à l'artiste et à son interprète, par les ouvertures des boulets, des pipes et du café, en les priant de prendre patience, qu'on était allé prévenir le muchir (officier supérieur). Pendant qu'ils se morfondaient sur ce malheureux pont-levis, arriva un aide de camp d'Omer-Pacha, se rendant en courrier de Bucharest à Sébastopol, crotté jusqu'à l'échine (il venait de traverser, à franc étrier et par une pluie battante, les plaines de la Valachie), et affublé de la façon la plus bizarre : un keffié arabe jaune et rouge, à longues franges de soie, lui couvrait la tête, retenu autour des tempes par une corde en poil de chameau, tandis que le bas encadrait sa figure, ne laissant passer que le nez et une paire d'énormes moustaches; une grande redingote boutonnée jusqu'au menton, un sabre turc, des pistolets à la ceinture et de longues bottes montant à mi-cuisse complétaient l'accoutrement du courrier, mais le tout tellement couvert de boue, qu'il était impossible d'en discerner la couleur.

L'aide de camp déclina son nom et dut attendre aussi l'ouverture de la porte. On passa de nouveau du café et des pipes par les trous de boulets, et il fallut se contenter de l'éternel refrain des Turcs : *Peki, peki !* (Patience, patience !), qui va si bien à leur quiétude fataliste, en attendant l'effet des négociations. Cependant le vent soufflait plus âpre et plus aigre que jamais, et les voyageurs, à demi gelés, s'étaient adossés contre la porte pour s'abriter un peu. Enfin, au bout d'une heure, les clefs arrivèrent ; mais, soit maladresse, soit erreur, elles embrouillèrent la serrure, qui se brisa après une demi-heure de résistance, laissant enfin libre l'entrée de Silistrie. Ces manœuvres avaient pris du temps, et il était déjà dix heures et demie.

Précédé d'un pandour nègre armé jusqu'aux dents, et suivi de son interprète, M. Valerio se rendit chez le commandant militaire de Silistrie, qu'il trouva, après avoir monté un escalier vermoulu, au premier étage d'une méchante maison, dans une petite chambre éclairée par une chandelle vacillante. Le pacha était un homme d'une physionomie noble, grave et religieuse ; assis les jambes croisées sur son divan, il égrenait un chapelet d'ambre ; il fit apporter des pipes et du café, cérémonie à laquelle l'hospitalité turque ne manque jamais.

La chambre habitée par le pacha avait à peu près sept pieds de long sur six de large. Les fenêtres garnies de papier livraient en quelques endroits passage au vent, qui faisait trembloter la flamme de la chandelle ; les murailles crevassées n'avaient pour tout ornement qu'une giberne, une paire de pistolets et un sabre turc avec son ceinturon. Tout le mobilier consistait en une mauvaise table de bois chargée de quelques livres frugalement mêlés de pommes, une estrade de

planches négligemment recouverte de quelques bouts de tapis et une valise de cuir jetée dans un coin. Par la nudité de ce logis,
M. Valerio comprit quel gîte pouvait lui
échoir, même avec la recommandation du
pacha.

Le lendemain, au jour, l'artiste put juger
des désastres que la ville avait eu à supporter et se faire une idée du courage et du dé-
vouement qui avaient dû animer les défenseurs de Silistrie pour soutenir victorieusement une lutte si inégale ; les maisons en
ruine, criblées par les boulets, les toits ef-
fondrés, les minarets des mosquées abattus
ou échancrés, tenant à peine au corps de l'é-
difice par quelques assises et que le vent me-
naçait à chaque instant de jeter bas, témoignaient de l'opiniâtreté de l'attaque et des
ravages du siège. Le sol était jonché de boulets, d'éclats de bombes, d'obus, de grenades
et de projectiles de toutes sortes. Les Russes
avaient fait à l'imprenable Silistrie un pavé
de fer. — Le typhus sévissait avec violence.
De tous côtés, on rencontrait, portés sur des

civières, de pauvres diables, enveloppes d'un linceul attaché au col et aux pieds par une corde, que l'on conduisait au cimetière. — Près de l'Arab-Tabia (fort dominant Silistrie), le cœur de l'artiste se serra en voyant ce terrain jonché de débris, labouré par la mitraille, parsemé de fragments de bombes, bossué de petits monticules desquels sortaient quelques planches indiquant la sépulture des héroïques défenseurs de la redoute, heureux du moins d'être tombés glorieusement sur le champ de bataille, au lieu d'avoir été décimés par la maladie.

La mortalité était grande dans le camp des irréguliers exposés à toutes les intempéries de l'air et installés avec une négligence fataliste. Les malheureux malades qu'on menait à l'hôpital sur des chevaux, souvent par une pluie torrentielle, y arrivaient à l'état de cadavres ou tombaient sur le bord du chemin. Ces scènes navrantes étaient contemplées par leurs camarades avec cette profonde indifférence pour la vie qui distingue les musulmans et qui finit par vous gagner,

Leur courage moral, leur exaltation religieuse, n'en recevaient aucune atteinte. — S'ils regardent mourir les autres froidement, ils savent aussi quitter la vie avec le calme le plus stoïque. Un jour, M. Valerio, se trouvant au camp des bachi-bouzoucks, où il avait cherché un abri contre la pluie à l'entrée d'une de ces huttes souterraines que nos zouaves ont imitées devant Sébastopol, aperçut un jeune Arabe, maigre, pâle, soutenu par deux de ses camarades, et tellement marqué du cachet de la mort, que l'artiste s'approcha de lui et fit demander ce qu'il avait, par son interprète. On lui dit qu'il était attaqué du typhus, et à l'offre des soins d'un médecin français faite par M. Valerio, l'Arabe répondit : « Le meilleur médecin, c'est Dieu ! » Le pauvre diable avait raison, car une heure après il était guéri de tous ses maux, et une légère éminence de terre fraîchement remuée désignait sa fosse à l'entrée de la cabane, car les bachi-bouzoucks ne prenaient pas toujours la peine de porter leurs morts au cimetière, et les enfouissaient négligemment au seuil de leurs cahutes, sans souci des miasmes qui s'en exhalaient et redoublaient la violence de l'épidémie.

C'est dans des circonstances pareilles que M. Valerio a fait, d'après nature, trente-cinq grandes aquarelles dont vingt-trois terminées et les autres plus ou moins avancées, sans compter trente-sept dessins ou croquis représentant non-seulement les types principaux, mais encore toutes les variétés imaginables de races. Bien que ses aquarelles aient une grande tournure et soient lavées avec une vigueur de ton que Decamps seul pourrait surpasser, M. Valerio n'a pas cherché exclusivement le côté pittoresque. Sans sacrifier l'effet, il a mis dans ses têtes une exactitude de ressemblance qui leur donne une valeur anthropologique. Le savant, occupé de ces sortes de recherches, y trouvera les détails anatomiques et les particularités de conformation qui séparent les races les unes des autres et permettent d'en suivre la filiation. Le daguerréotype ne serait pas plus juste et ne reproduirait pas la couleur, si

nécessaire et si caractéristique dans de semblables études.

Les bachi-bouzoucks peuvent se ranger
dans trois catégories principales : le bachi-
bouzouck albanais, le bachi-bouzouck nègre
de la haute Égypte, le bachi-bouzouck kurde,
sans préjudice des variétés syriennes ou arabes.

Comme conformation typique, le bachi-
bouzouck albanais a la face allongée, le nez
en bec d'aigle, l'arc des sourcils très-pro-
noncé, les paupières épaisses et voilant l'œil,
les cheveux pendant en mèches plates, l'expression décidée et volontiers féroce. Le costume
se compose du fez, de la fustanelle, d'une
longue veste blanche, d'un caban de couleur
foncé et d'un musée d'artillerie passé dans la
ceinture ; la plupart du temps les pieds sont
nus. — Le bachi-bouzouck nègre, selon la
région d'où il arrive, varie du chocolat au
noir bleuâtre, se rapproche ou s'éloigne du
type caucasique, abaissant ou redressant son
angle facial : tel a le museau d'un singe, tel
le profil d'un oiseau ; d'autres ont des traits

purs sous leur masque sombre : nous en avons remarqué un dont la laine frisée en petites boucles ne commence qu'à deux pouces au-dessus des oreilles, et couvre le sommet de la tête comme une petite calotte ; rien n'est plus singulier : les vastes grègues turques, la veste soutachée, la ceinture bariolée et hérissée d'armes, forment, avec des caprices individuels, le fond de leur costume. Le bachi-bouzouck kurde a la figure maigre, presque triangulaire ; le nez, long, mince à sa racine, s'arrondit et devient charnu par le bout ; l'œil est triste, le regard noir, la physionomie cruelle sous une apparence endormie et apathique. Le vêtement consiste en caleçons de toile, en manteaux de laine effilochée ; c'est assurément le plus sauvage et le plus indisciplinable des trois. — Chez lui, le brigand se mêle en de fortes proportions au soldat.

L'Arabe se distingue par la noblesse de ses traits, la hauteur de son front, la limpidité de son œil et son expression d'enthousiasme religieux. Le keffié rouge et jaune avec ses franges pendantes, la chachia cerclée par la corde de poil de chameau, encadrent bien ces belles têtes ardentes et pensives, empreintes des mélancolies du désert et de la foi robuste des premiers temps de l'islam. Le Turc de Morée, avec sa face maigre, osseuse, plaquée de tons rougeâtres, ses oreilles évasées et son nez de travers, présente un caractère de résolution goguenarde tout différent. Le Turc des côtes de la mer Noire, par ses pommettes larges et saillantes, ses oreilles détachées de la tête, sa mine sombre et renfrognée, fait pressentir déjà le type tatar. Le Turc bulgare est presque un Russe. — En revanche, l'Arabe de Bagdad a la fière élégance d'un calife des *Mille et une nuits*, et, sous son costume à demi européen, le fellah d'Égypte a l'attitude de figures hiéroglyphiques, le teint de granit brûlé, les yeux obliques et la moue indéfinissable des sphinx.

Si l'on veut tenir compte de la répugnance qu'ont les musulmans pour poser, par suite de leurs idées religieuses et de leurs préjugés superstitieux, le mérite de M. Valerio s'en accroîtra considérablement. Ceux-là seuls qui ont voyagé en pays mahométan savent la patience, la séduction, l'opiniâtreté et même le courage dont a besoin de s'armer tout dessinateur pour le moindre croquis : le Koran proscrit comme acte d'idolâtrie toute reproduction de la figure humaine, et les Orientaux ne manquent pas de dire aux peintres qu'ils voient travailler : — Que feras-tu au jour du jugement, lorsque tous ces corps te demanderont une âme ? — Ils croient aussi que toute personne tirée en portrait meurt dans l'année. Il est bien entendu que ces préjugés ne règnent que parmi le peuple : mais c'est là que se rencontrent les types les plus caractéristiques, les physionomies les plus originales et les costumes conservés dans leur pureté primitive.

Sami-Pacha, le gouverneur de Widdin, a posé complaisamment pour M. Valerio : c'est une belle tête, intelligente et fine, encadrée par une légère barbe blanche et marquée d'un cachet de suprême distinction ; on voit que la civilisation a passé par là. Sami-Pacha parle très-bien français, et sa cordiale hospitalité envers les étrangers est connue ; il porte le costume du Nizam et un surtout bordé de fourrures.

Le derviche tourneur, avec son bonnet de feutre semblable à un pot de fleurs renversé, sa barbe argentée encadrant sa face d'un ton de brique, sa robe blanche et son manteau brun, a bien ce caractère de kief extatique que donne aux moines de cette secte l'habitude de ces valses sans fin qui éblouissent et fascinent lorsqu'on les visite dans leurs tekkés aux jours de leurs pieuses chorégraphies.

Il est impossible de voir un costume plus riche et plus splendide que celui du cawas du prince de Servie ; l'étoffe disparaît sous les galons et les broderies, et nous n'y trouvons à reprendre que la cravate blanche, dont l'effet est médiocre parmi ce luxe oriental ; mais M. Valerio a dû la conserver comme trait de mœurs. — Cette cravate, c'est un commencement de civilisation. Le drôle a du reste la mine effrontée, cyniquement spirituelle, jovialement rouge, et l'impudence d'un laquais de bonne maison ; s'il est musulman, il ne doit pas s'inquiéter beaucoup de la défense de boire des liqueurs fermentées faite aux fidèles par le Koran.

Le Serrechaner autrichien des frontières valaques nous montre une race toute différente ; la face est large, pleine, sans moustaches, entourée d'un épais collier de barbe ; le nez n'a plus cette finesse osseuse et cette belle courbe des types orientaux ; le costume est encore d'une gracieuse étrangeté. Le pantalon soutaché, la veste agrémentée de passementeries, les dolmans aux multiples rangées de boutons saillants, le bonnet à poil bossué de plaques en cuivre, le sabre courbe à fourreau de chagrin ne manquent pas de caractère. — Le dorobant valaque et le pandoure serbe ont aussi leur cachet et retiennent quelque chose de l'originalité barbare.

Pour nous reposer un peu de toutes ces physionomies farouches, bronzées et moustachues, décrivons le costume d'une jeune femme mariée de Belgrade : elle porte les cheveux enroulés sur un morceau d'étoffe d'un bleu verdâtre faisant le tour de la tête et constellé de bijoux ; un fichu d'un bleu pâle se croise sur sa poitrine. Sa veste de velours violet ornée de dessins d'or, à manches larges doublées de satin cerise, tranche sur sa robe blanche à bandes orange et à dessins distancés orange et laque ; une écharpe à ramages lilas lui entoure la taille et tombe jusqu'à terre. Sous cette toilette à la fois riche et simple, elle a une tournure mélancolique et fière, digne d'une reine du moyen âge, et sa tête aux traits purs et délicats rappelle le type que les peintres gothiques du quinzième siècle attribuaient à Hérodiade.

Nous avons déjà dit que M. Valerio aimait les Tsiganes. Son nouveau portefeuille contient plusieurs de ces brunes jeunes filles dont le regard, habitué à plonger dans l'avenir, effraye presque par sa flamme intense et sa limpide profondeur.

Les croquis ne sont pas moins intéressants que les types — qu'ils nous montrent groupés ou en action — sous la tente, dans la redoute, au foyer du bivac, dans les attitudes si variées de la vie militaire. Une des plus remarquables de ces esquisses représente Ali-Kuta, le brave chef albanais, dont la conduite fut si brillante au siége de Silistrie. Il est assis sur l'affût d'un canon et a le bras en écharpe ; son mâle et fier visage, son costume riche et pittoresque, son attitude nonchalante et noble donnent bien l'idée d'un héros. — Sur le premier plan, des hommes préparent le café près d'un cadavre qu'on devine sous le manteau qui le recouvre ; au fond, des Arnautes chargent leurs armes et regardent par les embrasures.

LA TURQUIE

Tous les regards sont maintenant fixés sur la Turquie, et chaque livre qui en parle est bien venu. La curiosité générale y cherche des détails curieux ou inconnus, des descriptions pittoresques, des notions historiques; l'on veut se faire une opinion raisonnée sur ce pays, où s'agitent maintenant de si graves intérêts, et où se résout peut-être en ce moment le problème des civilisations de l'avenir. — Le volume, en tête duquel on nous demande d'écrire ces lignes (1) comme témoin oculaire de son exactitude, car nous n'avons rien à ajouter aux renseignements de toute nature qu'il renferme, commencé par une histoire rapide de la domination

(1) Cette étude servait de préface à la *Turquie pittoresque*, par W. Duckett, publiée en 1855.

turque, qui peut vous dispenser de lire les huit tomes compactes de M. de Hammer, et vous fait suivre le développement de l'empire islamite, depuis Osman, fils d'Orthogrul, jusqu'au sultan Abdul-Medjid ; c'est un spectacle des plus intéressants que de voir se réaliser le rêve d'Orthogrul, qui avait songé qu'une source jaillissait de sa maison, s'enflait, se grossissait, s'élargissait, et finissait par s'étaler en océan immense, présage infaillible de la prospérité de sa descendance. En effet, parti d'un apanage obscur de la Phrygie, le fleuve de l'Islam répand partout ses flots, inonde Byzance, et va battre les murs de Vienne : il y eut un moment où le Turc inspirait une profonde terreur à l'Europe, qu'il effrayait de son fanatisme, de sa barbarie et de ses façons sauvages de procéder à la guerre ; puis bientôt vint la décadence, l'amollissement ; et les sultans, jadis si terribles, ne furent plus que de pâles fantômes créés ou détruits par les janissaires, et qu'on entrevoyait de loin, à travers le grillage doré du kiosque de la Sublime Porte,

sous un dais de vermeil constellé de pierreries. Les autres nations avaient progressé,
tandis que la Turquie était restée accroupie
sur son divan, entêtée dans ses vieilles habitudes, et si le padischah signait encore ses
firmans de l'étrier impérial, ce n'était plus
qu'une vaine formule ; la bataille de Lé-
pante, où Cervantès, le glorieux manchot,
fut blessé, avait dès longtemps dissipé le
prestige ; le croissant s'était abaissé devant
la croix ; l'Europe chrétienne n'avait plus
rien à craindre. Mahmoud, le père d'Abdul-Medjid, comprit que la Turquie, pour
tenir désormais son rang parmi les peuples
civilisés et ne pas être, malgré son courage,
à la merci de la première invasion, devait
détruire les janissaires, ces prétoriens et ces
strélitz toujours en révolte, et imposer les
formes de la tactique militaire moderne à
des troupes jusque-là plus braves que dis-
ciplinées. — Son œuvre rencontra les résis-
tances les plus obstinées de la part du vieux
parti turc, partisan des anciennes mœurs,
ennemi des inventions des giaours, attaché

avec un aveuglement fanatique à la lettre du Koran. — Cette réforme, maintenant acceptée et qu'Abdul-Medjid a religieusement poursuivie, a mis les Turcs en état de soutenir les premières attaques des envahisseurs russes, et leur a permis d'attendre glorieusement l'arrivée de l'armée anglo-française. Ce résultat, qui a paru étonner quelques esprits trop portés à s'exagérer la puissance irrésistible de l'empereur Nicolas, ne nous a nullement surpris : pendant notre séjour à Constantinople, nous avions souvent remarqué ces magnifiques casernes de Scutari et du grand Champ des Morts, cette superbe fonderie de canons de Top'Hané, près de la mosquée du Sultan Mahmoud, ces écoles militaires, instituées sur le modèle de l'École polytechnique, et où aucune des découvertes de la science n'est ignorée; le chantier des vaisseaux si bien placé au fond de la Corne-d'Or, à côté de Kassim-Pacha; ces soldats brunis et vigoureux, que seul le fez rouge différencie de nos troupes de ligne et qui manœuvraient avec une précision toute prussienne, ces cavaliers descendant au galop les rues escarpées et pierreuses de Stamboul ou de Péra, et nous pensions que la Turquie n'était pas autant en arrière qu'on voulait bien le dire, et ne serait pas tordue en une bouchée par l'ours du Nord, s'il prenait fantaisie à celui-ci de secouer ses frimas et de s'avancer sur le chemin de Byzance ouvert par Catherine. Silistrie invaincue et l'évacuation des principautés, après tant de fanfaronnades méprisantes, l'ont bien prouvé.

Alors, il est vrai, nous ne soupçonnions pas que *le Charlemagne*, dont nous visitions les batteries formidables, serait appelé à jouer un rôle actif dans cette mer où se réfléchissaient pittoresquement ses flammes tricolores ; mais déjà cependant la question des Lieux Saints causait une certaine agitation, et la vieille opposition turque, mécontente du ministère trop favorable aux giaours, écrivait ses articles en lettres de feu tantôt à Psammathia, tantôt à Scutari, à Péra et à Stamboul. — Le panier rouge, signal des incendies, se montrait à chaque instant au sommet de la tour du Séraskier. — Le ministre fut changé et tout s'éteignit. Personne ne prévoyait encore le paletot de Menschikoff; cependant les Grecs, rendus favorables aux Russes par la conformité de religion et par l'espoir absurde du rétablissement, à leur profit, de l'empire de Byzance, supputaient les dates, et se disaient tout bas que les quatre cents ans allaient s'accomplir, et que le prêtre enfermé dans la muraille depuis la prise de Constantinople, en sortirait pour achever sa messe interrompue dans Sainte-Sophie rendue au culte chrétien; en effet, une prédiction populaire affirmait qu'au bout de quatre siècles, jour pour jour, une nation blonde devait pénétrer dans Stamboul par la porte Dorée, que cette superstition avait fait murer. Or, Constantinople a été prise le 20 mai 1453 : ce n'était donc plus que quelques mois à attendre. La prophétie est maintenant convaincue de fausseté; nul étranger blond n'a franchi la porte qui vit passer jadis Alexis Strategopoulos, et le prêtre murmure sa litanie. derrière le mur de mosaïque.

Ce résumé historique, en condensant les faits, permet d'en saisir l'ensemble. — A mesure que l'on avance, la vieille barbarie asiatique s'adoucit sur le sol plus humain de l'Europe ; les fratricides politiques vont s'atténuant. Le meurtre même perd de sa férocité et ne se complaît plus, comme autrefois, dans les longues tortures ; depuis longtemps la porte du sérail n'a plus sa garniture de têtes, et l'on ne rencontre plus au coin des carrefours des cadavres décapités avec leur sentence clouée sur la poitrine ; le respect de la vie humaine vient même aux fauteurs du passé. Les lois se substituent peu à peu au caprice, et, contrairement à l'idée qu'on se fait du fanatisme musulman, nulle part la tolérance religieuse n'est plus largement pratiquée qu'à Constantinople, tous les cultes y ont leur église. — Les moines en costume circulent dans les rues, et nous-même nous avons assisté aux exercices des derviches hurleurs de Scutari, en compagnie de deux pères capucins, et cela en plein ramadan, où les hallucinations du jeûne amènent un redoublement de ferveur. Les Turcs, quoique se croyant en possession de la vraie foi, n'ont pas d'aversion pour les religions différentes de la leur; ce qu'ils méprisent, ce sont les athées ou les idolâtres. L'islamisme, débarrassé de son fatras de commentaires, a la grandeur austère et un peu nue du protestantisme. Allah règne seul dans sa terrible unité au fond d'un ciel solitaire, au-dessus des houris vertes, rouges et blanches, concession de l'âpre génie de Mahomet aux sensualités asiatiques; c'est, en dehors du christianisme, la plus pure conception de Dieu. En parcourant les mosquées, il est impossible de ne pas être frappé de cette absence de toute image humaine et de cette ornementation géométrique composée de lignes brisées, croisées, enchevêtrées, n'exprimant que l'idée abstraite. Calvin et Luther n'auraient rien à retrancher dans un temple musulman. — Quant à la morale, elle prescrit les mêmes préceptes d'humanité générale que les autres religions. Maintenant, sans que la foi soit affaiblie, l'habitude de voir des Français, des Anglais, des Allemands, a fait tomber ces habitudes farouches d'avanie et d'insulte ; un étranger d'un maintien tranquille et décent peu parcourir Constantinople en tous les sens, il y sera certes plus en sûreté et plus à l'abri des railleries grossières qu'un Turc en costume se promenant dans un faubourg de Paris. — Nous-même nous sommes entré, à toute heure de nuit et de jour, dans des cafés borgnes fréquentés par des Hammals, des matelots et de pauvres diables tout en haillons, qui se levaient pour nous faire place avec une politesse que nous n'aurions pas rencontrée aux cabarets de la Halle et de la Cité. Les Turcs sont pleins de bonhomie et de simplicité : leur loyauté est connue, la parole d'un Turc vaut toutes les signatures et tous les billets du monde. Les cruautés, nécessaires peut-être, de quelques sultans ou de quelques vizirs, dans des circonstances décisives, ont donné à la nation un aspect féroce qui n'est pas justifié par les mœurs habituelles. Abdul-Medjid est d'une douceur charmante ; quand il a ceint le glaive d'Othman à la mosquée d'Eyoub, il a refusé d'égorger le mouton traditionnel dans la cérémonie d'investiture. Ce n'est pas, du reste, une sensiblerie de parade et qui se borne aux animaux ; si vous rasez les rives du Bosphore en caïque, vous entendrez parfois sortir des fenêtres d'un délicieux palais d'été une phrase des *Puritains* ou de *don Pasquale*, jouée d'une main encore un peu timide ; c'est le frère d'Abdul-Medjid, qui charme ses loisirs par la musique : autrefois, la raison d'État lui eût passé au col le cordon des muets.

A l'histoire des Bayezid, des Amurat, des Mahomet, des Selim, des Mustapha, entremêlée de séditions, de conquêtes, de défaites, de révolutions de palais, d'étranglements, succède une description topographique de l'empire turc, si vaste encore, et qui s'étend à d'énormes distances dans les profondeurs inconnues de l'Asie, depuis ces plaines où s'écroulent les ruines des anciennes colonies grecques ou romaines, squelettes de villes dont on ne sait même plus les noms, et dont le voyageur étonné demande à Strabon et à Ptolémée l'emplacement hypothétique, jusqu'à Bagdad et aux confins de l'Inde. Ces civilisations éteintes, et dont les cendres se sont stratifiées par couches régulières, peuvent revivre dans ces admirables pays presque déserts aujourd'hui et qui pourraient nourrir une population supérieure à celle de l'Europe : là, comme le dit la Genèse, à la place où blanchit un sable brûlant, verdoyait le paradis terrestre et coulait le fleuve qui, au sortir du lieu de délices, se divisait en quatre branches : — le Phison, qui entoure toute la terre d'Hévilath, où naît l'or, où l'on trouve le bedellium et la pierre d'onyx ; le Gehon, qui traverse la terre d'Éthiopie ; le Tigre, qui coule du côté de l'Assyrie, et enfin l'Euphrate ! — Autrefois c'était de l'Orient que descendaient, comme d'un centre de lumière, vers les régions obscures de l'Occident, les religions, les sciences, les arts, toutes les sagesses et toutes les poésies. Il faut qu'un contre-courant salutaire ramène les ondes fécondantes sur cette terre épuisée, qui a été le berceau du genre humain et qui ne demande qu'à revivre.

Constantinople, que Fourier, avec son admirable instinct, proposait pour capitale de l'Omniarchat harmonien, est située providentiellement entre l'Europe et l'Asie, pour recevoir les lumières de l'une et les refléter sur l'autre. Quand les guerres seront finies et la situation de l'empire turc assurée à tout jamais, Istamboul deviendra un merveilleux centre de civilisation. Toutes les inventions de la science moderne, appliquées à la fécondation d'une terre vierge pour ainsi dire, sous un ciel magnifique, produiront des résultats merveilleux. — Ce ne serait plus seulement l'imitation maladroite de costumes en désaccord avec les mœurs et le climat, livrée du progrès qu'on doit respecter temporairement, mais qu'il faudra abandonner : car la beauté, quoi qu'on en dise, peut très-bien s'allier à l'utilité, et le turban recouvrir une cervelle éclairée aussi bien qu'un chapeau, tout en la préservant mieux du soleil, mais bien l'assimilation et l'appropriation intelligentes

des grandes découvertes au génie particulier
de l'Orient : la chute du voile qui protége la
blancheur délicate des femmes contre un soleil brûlant, la substitution du vin à l'eau pure,
si préférable comme hygiène, ne nous paraissent pas des perfectionnements désirables. —
Quant à la polygamie, n'est-elle pas préférable
aux adultères et aux désordres trop fréquents
dans nos sociétés monogames ? et d'ailleurs,
elle demeure un luxe difficilement accessible
par les sages restrictions de la loi.

On parle de la beauté de Naples et de son
golfe, où abordent incessamment des migra-
tions de touristes ; mais qu'est cela à côté de
Constantinople, voluptueusement couchée
sur le divan de ses sept collines, laissant
tremper ses pieds dans une eau de saphir et
d'émeraude, et baignant, de sa tête couronnée de coupoles et de minarets, dans un ciel
rose et bleu qui semble briller derrière une
gaze d'argent ? Quel panorama peut valoir
au monde cette entrée de la Corne-d'Or, en-
combrée de pyroscaphes, de caïques, de
prames, de mahonnes, d'argosils aux formes

étranges et pittoresques, bordée d'un côté par les murailles crénelées, les kiosques et les cyprès du vieux sérail ; de l'autre, par les constructions de Galata et de Péra, que surmonte de son toit de cuivre vert-de-grisé la vielle tour des Génois, pendant de la tour du Séraskier, dressée sur l'autre rive ; et lorsqu'on se retourne vers Kadi-Keuï, quel superbe spectacle encore ! Au fond, l'Olympe de Bithynie, dessinant sa silhouette d'azur glacée au sommet d'une neige éternelle ; les côtes d'Anatolie aux lignes suaves estompées par une brume de lumière ; les îles des Princes, constellant les eaux étincelantes de la mer de Marmara de leur gracieux archipel ; vers la gauche, Scutari, ce faubourg asiatique de Constantinople, découpant ses maisons coloriées et les minarets blancs de ses mosquées sur l'immense rideau de cyprès de son cimetière, si beau qu'il donne envie de mourir.

Si l'on remonte le Bosphore, quelle série d'enchantements, quelle suite de tableaux magiques ! L'œil reste incertain entre la rive d'Europe et la rive d'Asie, toutes deux également belles : le palais de Tschiragan, avec ses colonnades et ses frontons classiques, œuvre du réformateur Mahmoud, qui a voulu témoigner de ses idées modernes en renonçant aux toits chinois, aux arcs en cœur, aux colonnettes capricieuses de l'architecture turque, le palais de Beschik-Tash, élevé par Abdul-Medjid, et qu'on prendrait pour un palazzo vénitien, plus riche, plus vaste, plus ciselé, plus fouillé, transporté du Grand Canal au bord du Bosphore, les konaks d'été de la sultane Validé, de Saïd-Pacha, de Reschid et autres grands dignitaires de l'empire se succèdent, espacés par des cafés, des kiosques, de riants villages et des jardins aux verdures luxuriantes qui se reflètent dans les eaux claires et rapides, et forment un spectacle dont on ne peut se lasser. Que de fois nous nous sommes promené en caïque à deux paires de rames, regardant ces fenêtres treillissées où les odalisques des pachas appuient leur front rêveur, et amusent leur oisiveté voluptueuse du passage des vaisseaux, des steamers, des barques allant et venant, descendant et remontant, entre-croisant leurs sillages avec une animation joyeuse sous le vol des mouettes et des chasse-vent ; que de fois nous nous sommes arrêté aux Eaux Douces d'Asie, sous les grands frênes, près de la fontaine au toit recourbé, aux délicats filigranes, qui abrite toujours quelque groupe de femmes fumant le narguilé, prenant des sorbets ou mangeant des fruits, pendant que leurs enfants se roulent et s'ébattent à leurs pieds. — Là, les plis du feredgé s'entr'ouvrent, la mousseline du yachmack s'écarte un peu, surtout si l'eunuque a le dos tourné, et l'on voit resplendir de pâles ovales avivés de fard, étinceler des yeux cernés de henné, et s'épanouir des bouches semblables à des grenades pleines de perles. — Les arabas, attelés de grands bœufs au pelage argenté, attendent à l'ombre ; les caïques amarrés à la berge, bercent le sommeil ou le kief des Caïdjis. — A chaque pas, ce sont des tableaux tout faits, auxquels il ne manque que le cadre ; comme on regrette alors de n'être ni Decamps, ni Marilhat, ni Delacroix, et de n'avoir à son service, pour rendre ses impressions, au lieu d'un pinceau aux mille nuances, qu'un bec de plume aride trempé dans une goutte d'encre bourbeuse ! Et si, remontant plus haut, on descend en face de Thérapia, sur la rive asiatique, on assiste aux jeux des jeunes Grecques, dansant la romaïque, l'imagination se reporte à des souvenirs classiques devant ces profils réguliers, ces formes de déesse copiées par Phidias et Cléomène, que nous autres, habitants déshérités des contrées du Nord, nous prenons pour le beau idéal, et qui ne sont que le type de la plus parfaite race humaine : mais qu'avons-nous besoin de retracer ici tous ces tableaux ? souvenirs déjà lointains pour nous, quoique toujours vivants, lorsqu'en tournant ces feuilles on va les retrouver dessinés en détail, coloriés soigneusement, placés dans leur bordure, exacts, complets, avec les figures, les costumes, les mœurs, les particularités inté-ressantes, les usages étranges, les fêtes, les cérémonies, toute la vie de l'Orient ayant pour fond les mosquées, les bazars, les kiosques, les konaks, les cafés, les cimetières, les rues, les places, les fontaines, les jardins, les villages, les bois de platanes et de cyprès. Nous n'essaierons donc pas de peindre cette population bigarrée et pittoresque de Turcs, de Grecs, d'Arméniens, d'Albanais, d'Arnautes, de Syriens, de Bulgares, de Circassiens, de Valaques, de Palikares, qui fait de toute place de Constantinople la salle du bal masqué de *Gustave;* et nous mettrons seulement au bas de ces pages (1), puisqu'on nous en prie, notre nom de voyageur, pour attester la vérité du livre, et non pour le compléter. — Aux paresseux qui redoutent une traversée d'une dizaine de jours, ce volume servira de voyage en Turquie, et, après l'avoir lu, ils en sauront plus que nous qui n'avons pas dépassé l'entrée de la mer Noire, et dont le pied n'a foulé que quelques heures, sur la rive de Smyrne, cette terre où marchait le divin aveugle accompagnant sur sa lyre les récits de l'*Iliade* et de l'*Odyssée.*

(1) *Préface de la Turquie pittoresque,* par W. Duckett, 1 vol. in-8°, illustré. Paris, Lecou, 1855.

LE THÉATRE TURC

Mon cher Louis (1), voici que j'arrive enfin pour te relever de la longue faction de quatre mois que tu as faite à ma place dans la guérite du feuilleton, le lorgnon à l'œil, la plume au bras, disant aux pièces : « Passez au large, » ou bien : « Entrez, » suivant leur mérite. Tu as vu par intérim les vaudevilles d'été, les mélodrames caniculaires : tu as assisté avec un rare courage au défilé des ours les plus chenus et les plus grognons : les théâtres ont vidé leurs arrière-cartons sur ta tête innocente, tandis que moi, je m'enivrais, non sans remords, de lumière et d'azur dans ces beaux pays aimés du soleil; ami coupable, je

(1) Louis de Cormenin.

me promenais aux Eaux douces d'Asie ou je grimpais à l'Acropole, le jour même ou tu tâchais de rendre supportable, à force de traits et de style, l'analyse de quelque imbroglio stupide ; reçois ici mes remercîments pour ce temps de liberté que tu m'as donné.

A peine ai-je eu le temps de jeter là mon fez et mes babouches ; j'ai encore dans les oreilles le tumulte des roues, le râle des machines à vapeur, le claquement du fouet des postillons, et dans les yeux l'éblouissement des levers et des couchers du soleil, des mers et des montagnes, des villes qui se succèdent comme un rêve, découpées sur des horizons de feu ; je ressemble un peu à l'élève de Faust, et mon cerveau tourne comme une meule de moulin. Cependant j'ai couru çà et là, m'informant, m'enquérant partout pour savoir « si l'art en était à un bon point, » et il m'a semblé que l'on s'occupait fort peu de l'art. Les théâtres élevaient des arcs-de-triomphe et cherchaient des devises latines, pour l'entrée du prince président, sans le moindre souci des feuilletonistes, privés de premières représentations. — Deux opérettes en un acte au Théâtre Lyrique, voilà tout le butin de la quinzaine. Vous ne trouverez donc pas mauvais si, pour suppléer à cette disette, je cherche dans mes souvenirs de voyage quelque impression qui rentre dans le cadre d'un feuilleton dramatique. A défaut de tragédie, de drame et d'opéra, je vous parlerai des comédiens turcs de Moda-Bournou. J'eusse sans doute mieux aimé soulever des questions d'esthétique à propos de quelque grand ouvrage sérieux et de haute portée, mais le critique ne travaille que sur les matériaux qu'on lui livre, et le sujet manque. Acceptez donc, faute de mieux, mes bouffons turcs; ils ne valent pas Sainville, Ravel, Grassot, Hoffmann, pourtant ils ont une originalité qui leur fera peut-être trouver grâce devant vous.

Si le dimanche vous prenez à l'escale de Tophané, près de la mosquée du sultan Mahmoud, un caïque à deux paires de rames, en prononçant le mot *Kadi-Keuï*, au bout de vingt-cinq ou de trente minutes il vous déposera vis-à-vis de la Corne-d'Or, sur une jolie plage de la côte d'Asie bordée de cafés et d'habitations peintes de couleurs riantes. Vous suivez une rue étroite dont les maisons surplombent et font sur la voie publique des angles et des retraites bizarres. Comme le village est presque tout entier arménien, les portes entr'ouvertes et les fenêtres soulevées encadrent beaucoup de charmants visages de femme aux grands yeux noirs, aux traits réguliers, spectacle agréable à l'étranger las du bal masqué perpétuel de Constantinople ; puis vous longez une muraille que débordent des brindilles de vigne et de vigoureuses frondaisons de figuier, et vous arrivez à un charmant petit golfe qui fait face aux Iles-des-Princes. Vous entendrez peut-être, sous les beaux arbres penchés qui garnissent l'escarpement de la rive, ronfler le tarbouka, grincer le rebec et piauler la flûte, accompagnant des voix nasillardes ; mais ne vous arrêtez pas, ce ne sont que de simples chanteurs de café ; descendez et remontez cet étroit sentier à pic taillé dans la falaise, dont la mer transparente baigne le pied, et vous arriverez au plateau de Moda-Bournou.

Des arabas et des talikas arrêtés, des chevaux de main tenus en bride par des nègres et des saïs, des vendeurs d'eau et de sorbets, des boutiques improvisées de melons, de pastèques et de raisins, forment un attroupement joyeux en dehors d'une enceinte fermée par des toiles vertes tendues de manière à intercepter le regard et rappelant les barraques des spectacles forains aux Champs-Elysées les jours de réjouissance publique.

Cette tenture part du coin d'une maison de bois, et se rattache à un grand arbre incliné sur la mer ; les autres côtés, taillés à pic, n'ont pas besoin d'être défendus contre les regards curieux qui voudraient jouir gratis de divertissement.

Le bureau des billets est tenu par un nain sexagénaire très-hideux et très-fantastique, remplissant les fonctions de placeu . Il me fit monter, moi et mes camarades, par un escalier chancelant, au premier étage de la maison, dont les fenêtres servaient de premières loges, nous installa sur des carreaux, et descendit après avoir mis auprès de chacun de nous une pipe et une tasse de café, accompagnement obligé de tout plaisir turc.

La perspective que l'on avait de ces fenêtres-loges était vraiment originale et pittoresque ; la place où devaient parader les bouffons turcs formait une espèce de trapèze bordé de deux côtés par les spectateurs mâles et de l'autre par le *sérail*, hangar couvert de planches et garni d'une claire-voie à mi-hauteur. Le sérail est l'endroit réservé aux femmes, car en Turquie les deux sexes sont toujours séparés, et un mari regarderait comme souverainement indécent de s'asseoir auprès de ses épouses.

Tout ce monde, les uns avec le fez rouge et la redingote boutonnée du Nizam, les autres avec l'ancien costume national, se tenaient accroupis sur des tapis de Symrne ou de minces matelas étendus à terre, croquant des sucreries, mordant à belles dents la chair rose des pastèques, aspirant la fumée du chibouck, faisant bouillonner l'eau dans la carafe de cristal des narguilhés; les femmes pépiaient et jacassaient derrière leur treillis comme des oiseaux en cage, et de notre fenêtre nous apercevions leurs yamacks blancs et leurs feredgés bleu de ciel, rose-mauve, vert-pomme et autres couleurs gaies. Un soleil éclatant dorait la place vide que les acteurs allaient occuper, et la mer étincelait à travers les oliviers et les tamarins; les musiciens, établis à l'ombre au bas de la maison, faisaient bourdonner et frissonner leurs instruments de musique, comme pour préluder à l'ouverture; c'était charmant.

Un tumulte étrange, composé de sons discordants et sauvages, et rappelant assez une symphonie de musicien savant, salua l'entrée des acteurs. Cet orchestre se composait de deux guitares grattées avec une plume, d'un rebec joué en contrebasse, de deux paires de timbales et d'une flûte-clarinette où soufflait, comme un aveugle, un vieillard tout cassé et comme momifié par l'âge. — La pièce commençait.

Deux *hammals* ou portefaix d'Asie s'avan-

cèrent portant un baril microscopique sus-
pendu à la barre qui sert, à Constantinople,
à soutenir les fardeaux pesants que ne pourrait remuer un seul homme; ces hammals
étaient vêtus d'une casaque grise, bordée de
dentelures de drap jaune, rouge et bleu,
d'un pantalon bouffant mais étroit des jambes et liseré d'agréments noirs, et coiffés d'un
haut chapeau de feutre mou que je ne saurais
mieux comparer qu'à une chausse à filtrer :
l'un était maigre, sec, nerveux, très-fin de
physionomie; l'autre épais, robuste, avec des
formes d'éléphant ou de mastodonte. Tous
deux semblaient faire d'énormes efforts pour
supporter ce baril gros comme le poing ; ils
chancelaient, bifurquaient leurs jambes et
s'arc-boutaient comme écrasés sous le faix.

Que contenait ce baril mystérieux? Du raki,
espèce d'eau-de-vie blanche que les hammals
portaient pour le compte d'un négociant franc
de Para qui voulait établir un cabaret.

Le Franc, habillé en Robert-Macaire, d'une
vieille redingote de lustrine noire, luisante
aux coudes, les jambes ensevelies dans de

larges pantalons sales, sans cravate, n'ayant pour tout linge qu'une chemise de soie turque, refuse aux hammals de leur payer le prix convenu pour le transport du baril de raki. Ce refus forme le nœud de la pièce et devient la source d'une interminable cascade de calottes, de coups de pied, de coups de poing.

Le hammal maigre persiste avec une opiniâtreté de mulet exiger à son dû ; il se fait le génie malfaisant du cabaret ; il se plaint au chef des hammals, espèce de grotesque à barbe rousse, ayant un turban à côtes de melon de couleurs variées comme les tranches d'une glace plombière, un dolman rouge à la Bajazet, et agitant un bâton rembourré ; il va réveiller la police et le cadi qui paraît suivi de cinq ou six escogriffes affublés de costumes extravagants et de turbans en moules de pâtisserie, à enroulements prodigieux comme du temps des janissaires, enjolivés de plumeaux, d'ailes de cygnes, d'aigrettes de balai, et auxquels il ne manquait vraiment que les bougies allumées de la cérémonie du *Bourgeois gentilhomme*. On cite le négociant à comparaître, et l'explication se résout dans une mêlée générale où tous les turbans roulent à terre.

La chute des turbans est un puissant moyen de comique dans les pièces turques. Rien, en effet, n'est plus drôle que de voir apparaître ces crânes rasés, bleuis, sur lesquels se tord, comme une queue de potiron, une mèche unique de cheveux. Le Franc promet de payer le hammal sur ses gains futurs, et la paix se rétablit momentanément.

Le commerce de raki ne prospère pas; le Franc et son valet sont les meilleures pratiques du cabaret. Il faut des attractions plus fortes pour achalander la boutique : on engage des musiciens et des danseuses.

Les danseuses sont de jeunes garçons travestis, car la pudeur turque ne permet pas que des femmes paraissent en public.

Le hammal persécuteur embrasse les danseuses et dérange tout; une volée de bois vert le met en fuite et le force à se réfugier sur un arbre, ce qui permet la continuation des exercices chorégraphiques.

Ces danseuses, ou plutôt ces danseurs, méritent une description particulière; l'un d'eux, par la finesse de ses traits, la blancheur de son col, ses cheveux blonds en spirale, son mouchoir bleu posé à la grecque sur le sommet de la tête, son air modeste et sa taille de guêpe faisait une illusion complète et semblait en effet une jeune et jolie femme. Son costume du reste était des plus élégants ; il se composait d'une veste de drap vert agrémentée de soutaches, d'une chemise de gaze de soie, de deux tuniques superposées de taffetas zinzolin, frangées de jaune, et serrées par une ceinture de soie rouge.

Les deux autres ne différaient de leur partner que par la coiffure, consistant en un fez rouge autour duquel s'enroulaient de grosses nattes de faux cheveux. — Ce trio exécuta, avec des cambrures et des torsions de reins qui chez nous inquiéteraient la susceptibilité pudique des sergents de ville, une espèce de romaïque d'un caractère assez original, et qui parut faire grand plaisir à l'assemblée.

Aux danseuses succédèrent les Albanais en

vestes et en guêtres noires, passementées de rouge, en fustanelles plissées, qui dansèrent, en faisant des contorsions terribles, un pas guerrier de leur pays. Leurs tempes rasées, leurs béguins blancs surmontés d'un petit rond rouge semblable à une croûte de pâté, leurs grandes moustaches, leurs yeux hagards leur donnaient une mine farouche et truculente « très-horrifique, » comme dirait Rabelais. Sans vouloir entacher ici leur moralité, je dois dire qu'ils avaient l'air de parfaits scélérats.

Le cabaret de Franc devient ainsi un lieu de délices dont la renommé parvient jusqu'au shah de Perse, qui arrive avec sa suite. Les Persans jouent dans l'art dramatique turc le même rôle que les Anglais dans nos vaudevilles. Leur accent emphatique, leur gravité raide, leur costume bizarre sont parodiés avec une verve intarissable.

Le shah plie sous le poids d'un turban pharamineux allongé en mître et entouré d'un chale à replis multiples. Il porte une robe jaune à palmes de cachemire, sanglée d'un second chale qui fait vingt fois le tour de son corps efflanqué, et tient à la main une fourchette en fer qui lui sert à s'appuyer le coude lorsqu'il s'asseoit sur son tapis. Ce shah a la mine abîmée de débauche et d'opium, et ressemble étonnamment à Élie dans la scène du Marché des Esclaves, dans le ballet du *Diable amoureux*.

Derrière le shah marchent six chenapans coiffés de leurs bonnets d'agneau noir, et la masse d'armes appuyée à la hanche à la mode des Persans. Le shah prend place et les danses recommencent. Il est si satisfait qu'il donne cinq cents bourses au Franc, qui désormais pourra payer le hammal.

Cette farce, dont je n'ai pu suivre que la pantomime, ne sachant pas le turc, devait être très-comique, à en juger par les éclats de rire de l'assistance ; les acteurs débitaient leur rôle avec beaucoup de feu et de variété d'intonation. L'accent européen du Franc, l'accent persan du shah étaient saisissables même pour moi.

La représentation finie, les femmes remontèrent dans leurs talikas, protégées par les eunuques, qui écartaient la foule ; les hommes mirent au galop leurs beaux chevaux barbes, et moi je retournai paisiblement à mon caïque, riant encore à part moi de ces figures grotesques rappelant pour la fantaisie extravagante les songes drôlatiques d'Alcofri bas Nasier

EXCURSION EN GRÈCE

I

L'IMPERATORE ET L'ARCIDUCA LODOVICO

Lorsque l'on vient de Constantinople, même dans les temps le plus sains, on est toujours en suspicion de peste, et si l'on veut prendre le paquebot de correspondance pour Athènes, il faut subir une quarantaine de vingt-quatre heures aevant Syra, le point d'intersection de toutes les lignes de bateaux à vapeur du Levant. Cette quarantaine se fait, non dans le lazaret dont on aperçoit les constructions au bord de la mer, à quelque distance de la ville, vers la pointe de terre qui regarde Tinos, mais sur le bâtiment lui-même, qu'un pavillon d'un jaune malade, hissé au grand mât, avertit d'éviter.

Il n'y a rien de plus contrariant que d'être en vue de terre et de n'y pouvoir descendre; c'est une variété du supplice de Tantale oubliée dans l'enfer. Heureusement j'avais déjà visité Syra à mon premier voyage, et ma curiosité était modérée sur ce point. Je passai tranquillement la journée à fumer appuyé sur le bastingage, regardant la ville crayeuse étagée en amphithéâtre, le mouvement du port et les navires en construction dans les calles; sous cette lumière éclatante et à cette distance, on distinguait aisément les détails des maisons et les accidents de terrain de la fauve montagne à laquelle s'applique ce blanc triangle.

Quoique le temps fût très-beau en apparence, un reste de houle balançait sur ses deux ancres le magnifique bateau à vapeur *l'Imperatore*, un des plus puissants de la flotte du Lloyd Austriaco; par le ciel le plus beau et le soleil le plus brillant, un vent du nord-est nous avait pris en flanc

au sortir du golfe de Smyrne, et secoué
de la belle manière; le tuyau de la cheminée était blanchi jusqu'au milieu par la
folle écume des vagues, et le long de Tinos,
où un pyroscaphe anglais se tenait abrité, ne
pouvant aller plus loin. Pour arriver, nous
avions eu à fendre une mer très-grosse et
très-dure que labourait à grand'peine notre roue inondée d'eau et poussée par l'effort
de la machine chauffée à outrance.

Quoique la rade de Syra soit ouverte à
tous les vents et assez mal défendue de
la houle du large, comme la brise était un
peu tombée, nous nous trouvions, relativement, très-tranquilles. Plus de ces affreux
craquements si insupportables dans un navire qui fatigue, et qui semblent présager sa
dislocation complète; plus de ces cliquetis
inquiétants de vaisselle; plus de ces chaises
envoyées d'un bout à l'autre du salon par
un coup de roulis ou un coup de tangage;
plus de ces plaintes sourdes, de ces gémissements inarticulés, de ces efforts convulsifs
de la machine haletante, de ces bruits pleins

d'angoisse, de ces soupirs presque humains qu'exhalent, comme des poitrines oppressées, les profondeurs d'un bateau à vapeur poursuivant sa route par un gros temps.

Profitons de ce calme pour examiner un peu les passagers, nos compagnons de route. Les bateaux à vapeur autrichiens qui desservent les lignes du Levant établissent, par une concession bien entendue aux habitudes de leur clientèle orientale, une espèce de parc réservé, fermé d'une claire-voie à hauteur d'appui et qu'on appelle *le sérail*, sur le tillac, où, d'ordinaire, le capitaine et les voyageurs de première classe ont seuls le privilége de se promener. Les Turcs, grâce à cet aménagement, peuvent mettre leurs femmes à l'abri du contact des chiens de giaours et voyager sans faire souffrir leur jalousie naturelle. Cette partie des bateaux est, comme vous le pensez bien, la plus curieuse et la plus pittoresque.

Chaque famille orientale se pose dans son coin, accroupie ou couchée sur des tapis de Smyrne ou de minces matelas; une cruche

en poterie verte de Gallipoli, diaprée de
dessins dont le vernis jaune imite l'or, contient l'eau nécessaire à la traversée; un ca-
bas de sparteries renferme les provisions,
car les Turcs ne descendent jamais prendre
place à la table du bord, soit par avarice,
soit par crainte de toucher à des mets impurs
ou apprêtés contrairement à leur foi. Nuit
et jour ils restent sur le pont, abrités contre le soleil par la tente du navire, et contre
le froid ou l'humidité, par des cabans, des pe-
lisses, des fourrures, des couvertures piquées
en soie rayée de Brousse. Il y avait deux
ou trois vieilles Smyrniotes avec la fausse
nate enroulée autour de la calotte qui leur
sert de coiffure, et une petite fille de onze
à douze ans que nous avions prise à Metelin,
enfant d'une physionomie très-hagarde et
très-farouche, qui me rappela, par un de ces
sauts de pensée si fréquents et dont on ne
saurait se rendre compte, la petite Fadette
de Georges Sand, alors que son teint bistré,
son air fou et ses yeux de charbon lui va-
laient, dans le village, le sobriquet de *Gril-*

lot. Deux femmes turques, dont les jambes nues apparaissaient entre deux bottes jaunes et leurs feredgés de couleur tendre, faisaient groupe avec une femme revêtue de l'habbarah quadrillé du Caire ; à la sveltesse de son corps jaune et souple, se trahissant sous les plis du tissu, on devinait une fille d'Égypte aux formes de statue. Du reste, elle était hermétiquement et sauvagement voilée ; et toutes les fois qu'elle se sentait regardée, pour surcroît de précaution, elle tournait vers la mer sa figure cachée pourtant sous un épais tissu ou ramenait sur sa tête le pan de son manteau par un mouvement tout à fait antique. On voyait alors sa petite main délicate, un peu brunie, où tranchaient quelques bagues d'argent, et le commencement d'un bras autour duquel jouait un bracelet d'un travail grossier, mais d'un goût charmant, comme celui de presque tous ces joyaux barbares. J'ai assez voyagé pour avoir appris à respecter les usages et les préjugés des pays que le parcours, et je me tenais éloigné du *sérail* avec une réserve décente qui eût satis-

fait tout véritable osmanli ; mais, malgré
moi, je sentais poindre en mon cœur un invincible désir, une fiévreuse curiosité de voir
ce visage dérobé si obstinément. A quoi bon
cette fantaisie sans but et sans résultat possible? Cette fleur née dans le harem, destinée à y mourir obscurément après avoir
épanché des parfums et fait briller ses couleurs pour un maître unique et jaloux, je
voulais l'entrevoir, ne fût-ce qu'une minute,
ne fût-ce qu'une seconde, pour en dérober
une empreinte, comme le naturaliste le fait
pour une de ces plantes rares qui poussent
sur une Alpe inconnue.

Deux ou trois jours d'observation discrète-
ment opiniâtre n'avaient amené aucun résultat; mes yeux attentifs, et toujours bra-
qués de ce côté, épiaient vainement l'occasion
de commettre un larcin, malgré la complicité du vent qui soufflait à pleines joues et
tourmentait les draperies de la jeune femme :
le voile avait été sévèrement maintenu et
rendait inutiles mes longues factions sur le
pont. Enfin, un matin qu'il n'y avait que moi

sur le tillac, roulé dans mon manteau comme un homme profondément endormi, et que le sérail était jonché de corps assoupis faisant bosse sous des monceaux de couvertures imprégnées de la rosée, la jeune femme se réveilla, se redressa à demi appuyée sur un de ses bras, et, ne voyant pas d'œil ouvert autour d'elle, écarta son voile pour respirer sans intermédiaire le souffle pur et frais de l'aurore; elle avait de grands yeux étonnés, doux et tristes, des yeux d'antilope ou de gazelle, comparaison à laquelle il faut bien revenir, quoiqu'elle ne soit pas neuve, lorsque l'on parle d'yeux orientaux, car il n'y en a pas de meilleure, et nulle autre ne rendrait aussi bien leur sérénité animale. Son teint d'une blancheur particulière, et dont nos teints les plus purs ne sauraient donner l'idée, ressemblait à la pulpe des pétales de certaines fleurs de serre qui ne reçoivent jamais l'impression directe de l'air ou du soleil; on y sentait la fraîcheur incolore et la pâleur mate d'une ombre perpétuelle, sans aucune apparence de souffrance ou de maladie. J'adoré cès sortes de figures dont la couleur ne diffère pas de celle des portions ordinairement voilées du corps, et que rien ne paraît avoir défloré, pas même le contact de l'air, et je les préfère aux transparences les plus opalines, aux blancheurs les plus lactées des neigeuses filles du Nord. Sa bouche présentait cette moue arquée en dedans, ce vague demi-sourire qui donne aux lèvres des sphinx un attrait si mystérieux, et l'ensemble de sa tête formait un tout étrange et charmant, dont chaque détail, bien qu'entrevu une minute, se grava ineffaçablement dans ma mémoire. Quelqu'un sortit subitement des profondeurs de la cabine sa tête emmitouflée encore des foulards nocturnes, et posa pesamment sur le pont son pied chancelant de sommeil; à ce bruit, la jeune femme fit un mouvement de biche surprise, et la petite main rejoignit les plis du voile, qui ne se rouvrit plus, à mon grand regret.

Je me demandai en moi-même si je n'avais pas commis une sorte d'indélicatesse en dérobant à cette jeune femme un aspect de sa beauté, en profanant d'un regard infidèle des charmes si bien défendus ; mais l'artiste et le voyageur ont leurs priviléges, et ma conscience fut bientôt rassurée.

Il y avait aussi, sur notre bateau, une famille anglaise venant de Calcutta, et suivie de deux domestiques indiens, mâle et femelle, du type le plus curieux. L'Indien, coiffé d'un turban rouge, dont les plis réguliers étaient maintenus par des épingles, le corps serré dans une tunique blanche, étroite des épaules, avec ses yeux d'argent bruni, son sourire blanc dans une barbe légère et crépée, son teint chocolat et sa nuque bistrée, faisait paraître septentrionaux et presque Parisiens les Turcs et les Levantins accroupis sur le pont. Il allait et venait, déployant une activité silencieuse, pour prévenir les besoins de ses maîtres, se glissant partout, léger et muet comme un fantôme.

L'Indienne, attachée au service spécial de lady, était très-fauve et très-bronzée, de teint presque noir, mais d'un noir différent de celui des nègres. Son service fini, elle venait s'assoir près de son mari, sur un bout de natte auprès de la dunette, dans une de ces poses qui ne sont possibles qu'aux races orientales, et dont elles semblent avoir pris l'habitude dans la contemplation des idoles de jaspe et de basalte des temples primitifs. Un collier d'or et de plaques d'émail, assez semblable aux joyaux qui composaient la toilette de la bayadère Amani, entourait son cou à plusieurs replis, et les cartilages découpés de ses oreilles supportaient plusieurs grappes de pendeloques; sa jupe, étroite et bridée, composée d'une bande d'étoffe tournée autour du corps, accusait des formes élégantes et sveltes, plus jeunes que le visage, fatigué et flétri déjà par un climat dévorant. Tous les mouvements de cette pauvre Indienne, transformée en femme de chambre par le caprice d'une riche Anglaise, avaient une noblesse, un style et une tournure étonnantes. Si les statues remuaient, elles remueraient ainsi. Je comparais, malgré moi, ces poses si pures, si justes, si élégantes de lignes, au maintien compassé et roide, aux grâces mécaniques des femmes européennes qui se trouvaient là et regardaient, s'imaginant être charmantes, à peu près comme on regarde une guenon habillée, d'un air de curiosité mêlée de dégoût, cette pauvre fille du Gange, frissonnant sous le soleil d'Orient, glacé pour elle, et je donnais la préférence à l'Indienne. Je ne remarquai pas qu'elle eût pour les aliments apprêtés à l'européenne les répugnances que manifestaient Amani, Saonderoun et Ramgoun; mais, en m'approchant d'elle ,je vis à son poignet un tatouage bleu formant le monogramme de l'inscription tracée sur l'écriteau de la croix : *I. N. R. J.* (*Jésus de Nazareth, roi des Juifs*). Elle ne croyait plus à la Trimurti de Brahma, de Wishnou et de Shiva, mais, au Père, au Fils et au Saint-Esprit : elle était chrétienne.

L'Anglais, chef de la famille, homme d'une correction et d'une élégance de tenue irréprochables, avait cependant rapporté de l'Inde quelques bizarreries de costume, commandées sans doute par le climat, et qu'il trouvait commode de conserver sous ce soleil de

Grèce, encore passablement chaud pour un sujet britannique, entre autres, un chapeau en forme d'armet de Membrin, tout piqué et tout matelassé d'étoffe blanche ; invention excellente pour faire diverger les rayons solaires, mais qui avait le tort plastique de ressembler infiniment trop à un bourrelet d'enfant, coiffure tout à fait en désharmonie avec la tête fine, sérieuse et calme du capitaine.

Le lendemain, à midi, le chef de la santé, qui, la veille, avait pris notre patente avec des pincettes, et se tenant à distance, comme si nous eussions été constellés de bubons, vint faire l'appel, et, après avoir constaté que nous étions tous vivants et bien portants, leva enfin nos arrêts. Le pavillon jaune fut amené, et nous pûmes pratiquer librement avec les habitants de l'île. Les canots, rangés en cercle autour du bâtiment, abordèrent en toute hâte, et il nous fut loisible de descendre à terre.

Quoique je connusse Syra, je sautai dans une barque, car il est toujours agréable, après une traversée de plusieurs jours, de fouler « le plancher des vaches, » et c'est en mer surtout que l'on comprend toute la beauté de cet aphorisme exclamatif de Rabelais : « O bienheureux planteurs de choux ! ils ont un pied en terre et l'autre n'est pas loin ! »

Au bout de quelques heures de courses vagues à travers la haute et basse ville, je retournai à bord de *l'Imperatore*, qui devait me traverser dans *l'Arciduca-Lodovico*, petit steamer de correspondance, destiné à faire le trajet d'Athènes à Syra et *vice versâ*. Le *Lodovico* ne devait partir qu'à sept ou huit heures du soir, pour arriver le matin au Pirée, et je m'amusai, en attendant, à regarder les tours d'un saltimbanque installé sur le pont, où il jouait des gobelets, et faisait sortir, en imitant le gloussement d'une poule, une multitude d'œufs d'un sac en apparence vide. La représentation se termina par un pas bizarre qu'exécutèrent, au son d'une pochette grattée à toute outrance, deux jeunes garçons et une petite fille assez jolie, en maillot de coton et en jaquette de velours pailleté, dans le style

troubadour et Champs-Élysées, qui frappaient
en cadence, avec des espèces de cymbales, des
genouillères et des brassards de métal reten-
tissant.

Pendant cette représentation, l'*Arciduca-
Lodovico* chauffait, et l'instant de dire adieu à
ceux de nos compagnons de voyage qui pour-
suivaient leur route par Trieste arriva. Le
transbordement opéré, le petit steamer com-
mença à fouetter de ses palettes la mer passablement onduleuse encore, en longeant la
côte montagneuse de Syra, dont on apercevait dans l'ombre les escarpements violâtres.
De cette partie du voyage, je ne saurais dire
grand'chose, quoique j'aie passé la nuit sur
le pont. Mais il n'y avait pas de lune et je ne
distinguais rien que quelques silhouettes con-
fuses d'îles, quelques moutons blanchissant
au loin sur la mer, quelques scintillements
d'étoile se brisant dans l'écume d'une vague.
Quoique aujourd'hui je ne trouve pas de mots
pour décrire ce spectacle, il était vraiment
très-beau, mais d'une beauté qui, faute de
formes précises, échappe à toute description.

Comment peindre la nuit sur l'immensité? De temps à autre, il s'échappait de la cheminée de notre paquebot des gerbes d'étincelles rouges d'un effet charmant; une houle plus haute dressait curieusement sa crête du fond noir de l'abîme, comme pour regarder par-dessus le bastingage ce qui se passait sur le pont, puis retombait en pluie salée.

Mes yeux ouverts dans l'ombre finirent par se fermer, quelque effort que je fisse pour ne pas m'endormir. Quand je me réveillai frissonnant sous l'impression glaciale du matin, de faibles lueurs blanchâtres commençaient à éclaircir le bord du ciel, les étoiles s'étaient éteintes; Vénus seule brillait encore, et sa réverbération faisait une traînée de lumière dans l'eau; une ligne sombre se dessinait confusément à l'horizon, c'était la Grèce, c'était l'Attique, le cap Sunium où le divin Platon s'entretenait avec ses disciples.

II

LE PIRÉE.

Le jour se levait lentement avec un *crescendo* de teintes plus délicatement ménagées encore que le fameux *crescendo* de violons du *Désert* de Félicien David ; à mesure que le ciel s'éclairait, les lignes de la côte lointaine se dessinaient plus fermement et sortaient de la neutralité des vagues teintes crépusculaires, Tout ce rivage a l'air d'avoir été sculpté au ciseau dans une large veine de marbre, tant les lignes des montagnes sont harmonieuses et pures, heureusement proportionnées pour le regard ; rien de heurté, rien d'abrupte, rien de sauvagement grandiose ; mais partout une fermeté nette, une précision élégante, une belle teinte azurée et mate comme d'une fresque peinte sur la frise d'un temple blanc.

Au fond de ce golfe, Munychie et Phalère composaient avec le Pirée la trilogie des ports d'Athènes. Le Pirée, dans lequel nous ne tardâmes pas à entrer, est un bassin arrondi en coupe, suffisant pour les birèmes et les trirèmes antiques, mais où une flotte moderne serait singulièrement à l'étroit, quoique cependant il soit assez profond pour admettre des frégates et des vaisseaux de haut bord. Ce port se fermait autrefois par une chaîne reliée aux piédestaux des deux lions de grandeur colossale emportés comme trophée par le doge Morosini, et placés maintenant en vedette près de la porte de l'arsenal de Venise. Sur la droite, près d'un phare, on nous fit remarquer une espèce de tombeau ruiné où entrent les vagues de la mer; c'est le tombeau de Thémistocle, du moins la tradition le dit; et pourquoi la tradition aurait-elle tort?

Le port était presque désert, à part quelques légers bâtiments à la flamme verte et blanche, couleurs du pavillon de Grèce, car Syra détourne à elle tout le mouvement et tout le commerce. La pure lumière du matin éclairait le quai de pierre, les maisons blanches et les toits de tuiles quadrillés de bandes symétriques du Pirée, bourgade complétement moderne, malgré son nom antique. Ces bâtisses, d'un aspect plus suisse qu'athénien, contrarient l'œil et l'imagination ; mais, si l'on néglige le premier plan un peu vulgaire, on est amplement dédommagé, et la magie du passé renaît tout entière.

Au fond se découpent en ondulations bleuâtres, à gauche, le mont Parnès ; à droite, le mont Hymette ; puis le Lycabète et le Pentélique un peu en recul et teintés par l'éloignement d'un azur plus faible. Dans l'espèce d'échancrure que forment à l'horizon les pentes des deux montagnes, un rocher soudain s'élève comme un trépied ou un autel. Sur ce rocher scintille, doré avec amour par le baiser du soleil levant, le triangle d'un fronton. Quelques colonnes se dessinent, laissant apercevoir l'air bleu à travers leurs interstices ; une large touché de lumière ébauche une haute tour carrée ; c'est Athènes, l'Athènes antique, l'Acropole, le Parthénon, restes sacrés, où tout amant du beau doit venir en pèlerinage du fond de sa terre barbare. Sur cette étroite plate-forme, le génie humain brûla comme un pur encens, et les dieux durent copier la forme inventée par l'homme.

Les noms de Périclès, de Phidias, d'Ictinus, d'Alcibiade, d'Aspasie, d'Aristophane, d'Eschyle, tous mes souvenirs de collége me bourdonnaient sur les lèvres comme un essaim doré des abeilles de l'Hymette voisin, lorsqu'un Grec, en costume de palikare, me tira par la manche et me demanda la clef de ma malle, qu'il visita, du reste, avec une négligence tout athénienne. O vicissitude des temps! ô splendeurs évanouies! ô poésies disparues! Un douanier sur le rivage où Thésée posa le pied en revenant vainqueur de l'île de Crète! Rien n'est plus simple, pourtant! Mais, dans ces pays classiques, le passé est si vivace, qu'il permet à peine au présent de subsister.

Une émeute de calèches démantelées, de berlingots séculaires, de berlines invalides attelées d'haridelles efflanquées, se dispu-

taient les voyageurs et les emportaient au
grand galop dans des nuages de poussière,
car ce ne sont pas des quadriges antiques,
mais des fiacres numérotés qui vous conduisent du Pirée à Athènes. Je laissai partir les
plus pressés, ayant déjà mon logement retenu
à l'hôtel d'Angleterre, tenu par Elias Poli-
chronopoulos et Yani Adamantopoulos, gaillards revêtus de magnifiques costumes grecs,
qui entretiennent un émissaire non moins
pittoresquement costumé sur le paquebot de
correspondance de Syra.

J'avais très-faim, et l'idée de déjeuner
deux heures plus tôt me détermina à com-
mander mon repas dans une espèce d'hô-
tellerie-café située sur une place ornée
d'une fontaine en marbre blanc, en forme
de borne gigantesque, ne vomissant aucune
eau par ses mufles de lion sculptés, mais
surmontée d'un buste du roi Othon, œuvre
sans doute de quelque ciseau bavarois. Cette
absence d'humidité ne me surprit pas, elle
est habituelle dans les pays chauds ; seulement, j'aurais voulu une architecture d'un

goût moins massif. La terre de Grèce supporte difficilement la médiocrité en ce genre. Une demi-douzaine de rues se coupant à angles droits, et aboutissant bien vite à la campagne, composent tout le Pirée actuel. Des noms mythologiques rayonnent au coin de ces rues et contrastent avec leur prosaïque physionomie. Les maisons n'offrent rien de particulier que ce bariolage des toits dont j'ai déjà parlé, et qui s'obtient avec des lignes croisées de tuiles blanches tranchant sur les tuiles rouges.

Pour quelqu'un qui vient de Constantinople, où les rues ne peuvent se comparer qu'à des lits de torrents pierreux, c'est un plaisir de marcher de plain-pied sur les larges dalles de ces rues grecques, auxquelles l'édilité la plus susceptible ne saurait faire aucun reproche. En quelques minutes j'atteignis la campagne où miroitaient au soleil des flaques d'eau de quelques pouces de profondeur, qui exhalent des miasmes fiévreux. Trois ou quatre gamins, si ce terme irrévérencieux peut s'appliquer à de jeunes naturels de l'Attique, ayant de l'eau jusqu'au jarret, cherchaient dans la boue noire d'une rigole des vers rouges pour la pêche. C'étaient les seules figures qui animassent le paysage désert. Quant à la rigole vaseuse, je suis fâché de dire que c'était le Céphise, mais, comme Magnus dans les *Burgraves*, « la vérité m'y pousse. » Heureusement l'Acropole s'élevait radieuse au fond et rachetait la pauvreté des premiers plans.

Je revins à l'auberge où l'on me servit, dans une grande salle badigeonnée à la manière italienne et décorée de lithographies, pour la plupart indigènes, qui faisaient plus d'honneur au patriotisme qu'au talent des artistes : c'étaient les portraits de Marco Botzaris, d'Ypsilanti et autres héros de la guerre de l'indépendance, des allégories représentant le réveil et le triomphe de la Grèce foulant aux pieds des Turcs aussi laids que le fanatisme, l'envie et la discorde dans les plafonds mythologiques, des scènes de la révolution du 15 septembre 1843, le tout dessiné dans le goût des images de la rue Saint-

Jacques et d'un style peut-être inférieur ; mentionnons aussi les portraits du roi et de la reine en costume national, portraits qu'on retrouve partout.

La salle inférieure, consacrée spécialement à la buvette, était garnie, au fond, d'un long comptoir derrière lequel s'élevait un buffet plein de bouteilles de raki, de marasquin, de rosolio et de liqueurs aux teintes transparentes. Sur les tables flânaient quelques journaux grecs où l'arrivée et le départ des navires, la mercuriale des denrées tenaient la plus grande place, Si je mentionne ces détails peu intéressants d'ailleurs, c'est à cause du contraste qu'ils présentent avec les imaginations qu'on se fait en dépit de soi sur la Grèce : on s'attend à trouver, bien que la plus simple réflexion vous démontre la nécessité du contraire, des boutiques d'œnopoles dans le goût de celles de Pompéi, avec des colonnes peintes d'ocre ou de minium jusqu'à mi-hauteur, des tablettes de marbre blanc, des fresques murales égayées de satyres, d'ægipans, de thyrses, de guir-

landes de lierre, des amphores de tout volume, des cratères, des cyathes et des conges,
un cabaretier et des buveurs contemporains
d'Axiochus ou d'Alcibiade. Ce mirage invo-
lontaire vous rend injuste pour le présent.

Pour compensation au parfait-amour et
au ratafia du comptoir, il y avait dans la
cour des jarres de terre cuite d'une capacité
et d'une forme tout antiques, destinées à
contenir l'huile, et dont la forme n'a pas
varié depuis le jour où Pallas aux yeux céru-
léens donna l'olivier à l'Attique. Des plantes
grasses s'épanouissant sur une terrasse blanchie à la chaux et se découpant sur un ciel
de lapis-lazuli, rétablissaient un peu la physionomie grecque de ce café peu attique.

: Le Pirée exploré de fond en comble, ce
qui n'est ni long ni difficile, je fis appro-
cher une calèche, sur laquelle on chargea
ma malle, et dont les chevaux, quoique bien
dégénérés pour la forme de leurs ancêtres
sculptés sur les frises du Parthénon, m'en-
portèrent du côté d'Athènes avec une rapi-

11.

dité qu'on n'était pas en droit d'attendre de leur piteuse apparence.

La route du Pirée à Athènes est rectiligne ; elle raye de sa chaussée poussiéreuse une plaine aride couverte d'herbes desséchées assez semblables à des joncs marins. Au loin, à droite et à gauche, s'étagent des collines montagneuses, brûlées par le soleil et revêtues de ces teintes splendides que prend la terre, sous la lumière des pays chauds, lorsqu'elle est dépouillée de végétation. Ceux qui aiment le paysage *épinard* ne seraient pas contents de ce site de Thébaïde ; mais moi, qui n'ai pour les arbres qu'un goût très-modéré, trouvant qu'ils altèrent la beauté des lignes et font tache dans les horizons, je fus assez satisfait de la nudité sévère et mélancolique de cette campagne : un désert stérile, blanchâtre et silencieux fait bien à l'entour des villes mortes. Ne seriez-vous pas contrarié d'arriver à Rome, la ville éternelle, en traversant des carrés de choux, de betteraves et de colza? Le présent doit laisser un espace vague autour de ces cités, spectres où le passé s'asseoit sur un socle encore debout, et où l'histoire conserve des formes visibles.

On évite ainsi la brutalité de la transition, et l'esprit a de l'espace libre pour la rêverie.

A égale distance à peu près de la mer et de la ville, on rencontre, de chaque côté de la route, un cabaret de planches et de pisé qu'ombragent quelques maigres arbres enfarinés de poussière. Les conducteurs s'arrêtent là quelques minutes, sous le prétexte d'abreuver les chevaux, mais, en réalité, pour s'abreuver eux-mêmes, non de vin, le peuple grec n'est pas ivrogne, mais de verres d'eau blanchie de mastic de Scio ; ils roulent dans leurs doigts une longue cigarette, font grimper sur le siége, *en lapin*, quelque ami ou quelque pratique qui les attendaient là, et l'on repart grand train.

Le bouquet d'oliviers traversé, on se trouve dans une espèce de plaine bosselée, cerclée de montagnes, au milieu de laquelle se dresse, solitaire, le grand rocher de l'Acropole : tous ces terrains sont fauves, arides, pulvérulents, dévorés de lumière et de soleil ; les ombres que projettent leurs rugosités sont bleuâtres et tranchent fortement avec le ton jaune général. La ville moderne ne se montre pas encore : on n'aperçoit que les escarpements décharnés de l'Acropole couronnée d'une muraille turque à fondations grecques et cyclopéennes. L'ancienne Athènes se développait entre l'Acropole et le Pirée ; l'Athènes actuelle semble se cacher derrière la citadelle, comme par une espèce de pudeur de cité déchue. L'œil ne la découvre que lorsqu'on a contourné l'Acropole et longé le temple de Thésée, situé non loin de la route et remarquable par l'intégrité de sa conservation.

Une grande rue se présente, bordée de maisons blanches à toits de tuiles, à contrevents verts, de l'aspect le plus bourgeoisement moderne, et qui ressemble, à faire peur, à une rue des Batignolles. Les constructions démontrent, de la part des maçons qui les ont bâties, une envie naïve de faire une Athènes *à l'instar de Paris.* Comme tous les peuples récemment sortis de la barbarie, les Grecs actuels copient la civilisation par son côté prosaïque et rêvent la rue de Rivoli à deux pas du Parthénon. Ils oublient humblement qu'ils ont été les premiers artistes du monde, et ils tâchent de nous copier, nous Welches, nous Vandales, nous Kimris, qui étions tatoués et portions des arêtes de poisson dans les narines quand Ictinus élevait le Parthénon et Mnésiclès les Propylées !

Une foule bigarrée se promenait dans cette rue, coupée à angles droits de plusieurs autres moins importantes ; les femmes étaient en très-petit nombre. Les mœurs des Turcs, longtemps possesseurs du pays, ont influé sur celles des Grecs, qui n'avaient besoin, du reste, que de continuer les traditions du gynécée pour trouver le harem naturel. Ce n'est pas qu'aucune loi astreigne les femmes à la réclusion ; mais elles sortent peu, et toutes les affaires extérieures, même les emplettes du ménage, sont faites par les hommes. Parmi les fracs européens, modelés sur ceux de Londres ou de Paris, étincelait, de loin en loin, un beau costume d'Albanais, de Maïnote ou de Palikare, d'une élégance théâtrale, et tranchant bizarrement sur le fond prosaïque d'une devanture de magasin remplie d'*articles* de Paris.

Le roi Othon devrait bien faire un décret pour exiger de tous ses sujets qu'ils portassent le costume national; il n'en est pas assurément de plus charmant au monde, et ce serait dommage de le voir disparaître de la vie réelle pour ne plus figurer que dans les armoires des Babin et des madame Tussaud de l'avenir. Le chapeau de paille porté à la place de la calotte grecque rouge à houppe de soie bleue est déjà une altération fâcheuse qu'excuse à peine un soleil chauffé en moyenne à trente ou trente-six degrés.

La calèche s'arrêta devant l'hôtel d'Angleterre dont la vaste façade blanche donne sur une esplanade où est établi, à l'abri d'un hangar, un parc d'artillerie gardé par des soldats en fustanelle, en knémides et en vestes bleues d'azur galonnées de blanc, très-propres et très-pittoresques.

Plus loin, ayant à ses pieds un tas de masures et de bicoques formant la *Setiniah* des Turcs, l'Acropole montrait son flanc taillé à pic, et découpait avec une fermeté incroyable d'arêtes son diadème mural de temples sur l'air transparent et léger du ciel attique le plus pur qui soit au monde. Une lumière aveuglante inondait d'or et d'argent tous les pauvres détails, toutes les mesquineries du temps présent, et les cachait sous un voile radieux.

Sans prendre le temps de faire monter mon bagage dans ma chambre, j'aurais voulu courir tout de suite au Parthénon, si un domestique ganté et cravaté de blanc ne m'eût fait observer qu'il fallait une permission que, du reste, on ne refuse jamais. Force me fut donc de modérer mon impatience et de me laisser conduire au fond d'un jardin plein de myrtes, de lauriers-roses et de grenadiers, jusqu'au logis que je devais occuper, et des fenêtres duquel on découvrait, ô bonheur! le sommet de l'Acropole et quelques colonnes du Parthénon!

III

LES PROPYLÉES.

Pour aller à l'Acropole, il faut traverser des ruelles désertes bordées de masures en ruines dont les portes entr'ouvertes vous laissent voir quelques marmots farouches à demi vêtus de haillons, quelque matrone hagarde au nez busqué, aux yeux d'oiseau de proie, à la natte tournée sur un fer crasseux, qui se retire précipitamment; des chiens maigres au museau de loup, au pelage hérissé comme de l'herbe sèche, aboient, à votre passage, avec une vigilance que rien ne justifie; Mercure, dieu des voleurs, ne trouverait rien à dérober dans ces chétives cabanes faites de boue et de pierraille, où éclatent çà et là un pur fragment de marbre antique, un tronçon de colonne, un bout d'architrave, débris d'un temple ou d'un édifice disparu. Un paysan, caparaçonné d'un de ces manteaux blancs à longs poils, coupés en façon de chasuble, vous coudoie dédaigneusement et s'enfonce, silencieux comme une ombre, dans une porte ou une rue transversale.

Si l'on creusait sous ce sol exhaussé par la poussière des siècles, on retrouverait sans doute les demeures de ces anciens Athéniens, dont le nom seul éveille une idée de poésie, d'art et d'élégance, car c'était de ce côté que se déployait la ville de Cécrops ; peut-être, en cheminant à travers ces décombres, avais-je sous les pieds le palais d'Alcibiade ou la petite maison de Socrate, ensevelis par cette lave de détritus dont le temps oblitère peu à peu les cités qu'il veut faire disparaître ; on dirait que la terre monte d'elle-même autour des villes mortes et en recouvre les cadavres par une sorte de piété funéraire.

Sur le flanc de l'Acropole que l'on contourne se distinguent des traces assez apparentes encore du théâtre de Bacchus, rebâti sous Périclès, où se sont jouées les tétralogies d'Eschyle, d'Euripide et de Sophocle,

les comédies de Ménandre et d'Aristophane,
ces chefs-d'œuvre du génie humain ! — Au-
dessus des excavations circulaires qui mar-
quent la place des gradins, s'élèvent les deux
sveltes colonnes du monument choragique;
un peu plus loin se présentent les murailles
massives, les forts piliers et les lourds arcs
romains du théâtre d'Hérode Atticus; vu à
distance avec ses trois étages d'arcades, dont
plusieurs sont rompues, il rapplle un aque-
duc démantelé. Un fouillis de blocs de pierres bousculés, entre lesquels poussent des
mauves et des orties qui trouvent là un peu
d'humidité et d'ombre, et des masses de
constructions effondrées se hérissent maintenant en amas désordonnés aux places où
s'asseyaient autrefois les spectateurs. Cette
ruine d'une architecture sévère et robuste,
qu'on admirerait partout ailleurs, semble
presque barbare à côté du Parthénon : le
théâtre d'Hérode Atticus est bâti en pierres,
ce qui convient à ses formes pesantes; ou,
s'il était revêtu de plaques de marbre, il n'en
reste aucun vestige. Probablement des statues

ornaient les espèces de niches ménagées dans le vide des arcades. Mais passons.

Une porte de bois vermoulu, gardée par un vétéran, ferme l'enceinte de l'Acropole; il accompagne les visiteurs, et quand on pense aux déprédations que commettraient sans cette surveillance une foule de touristes : vandales, lords Elgin au petit pied, on se résigne aisément à ce petit ennui. Ce vétéran habite une maisonnette dont les murs forment une mosaïque incohérente de fragments antiques; jamais plus riches matériaux n'ont servi à une plus chétive demeure.

Un sentier longeant les substructions qui supportent le temple de la Victoire Aptère, vous conduit, en quelques pas, au pied des Propylées, dont le temps, les bombes, les boulets, le feu du ciel, l'explosion de la poudre, les dégradations des Barbares ont pu mutiler, mais non altérer l'indestructible beauté. L'œuvre de Mnésiclès, après tant de désastres, enchante encore les yeux, et élève l'âme jusqu'aux plus hautes régions de l'art.

Il faut gravir, pour arriver aux Propylées,

un terrain en pente, bouleversé de fouilles, encombré de quartiers de pierres, de blocs de marbre, perforé d'excavations, semé d'éclats de bombes, mélés à quelques crânes et et à quelques ossements humains. Cette pente, on n'en peut guère douter maintenant, était occupée par un gigantesque escalier, partant de la porte d'entrée, enfoui plus tard sous les décombres et les éboulements, et montant jusqu'à la base des colonnes doriques des Propylées, entre les substructions de la Pinacothèque et du temple de la Victoire Aptère; des restes de degrés, mis à découvert à différentes hauteurs, permettent de restaurer en pensée l'escalier complet. Ainsi les pressentiments de Titeux, l'éminent architecte qui avait commencé ces fouilles, et qui est mort à la peine, se trouvent justifiés : en marchant avec précaution sur les planches et les poutrelles jetées d'un côté à l'autre des excavations, je suis descendu jusqu'au mur primitif de la porte inférieure, et je l'ai touché. — Les archéologues de profession ont discuté et disculent encore sur la réalité de cet escalier, dont il me paraît difficile de nier l'existence, après les modernes découvertes. Cette longue suite de degrés de marbre blanc aboutissant à ce majestueux portique devait produire un effet magnifique lorsque, sur ces assises étincelantes, se déroulaient, gracieusement étagées, les théories de jeunes éphèbes et de jeunes filles dans les cérémonies religieuses.

Si du bas de cette pente on lève les yeux en haut, l'on a, à gauche, le petit temple de la Victoire Aptère, qui se présente un peu obliquement avec ses quatre élégantes colonnes ioniennes sur une substruction revêtue de blocs de marbre. Derrière le temple se dresse une haute tour vénitienne, faite de débris antiques, dorée par le soleil de tons de terre de Sienne brûlée et dont la base engage et recouvre l'aile gauche des Propylées qui faisait retour vers le temple de la Victoire Aptère, et formait symétrie avec l'aile droite renfermant la Pinacothèque. Dans l'intérieur de la tour, où l'on pénètre par une brèche, l'on retrouve des colonnes empâtées de maçonnerie, de sorte que si l'on voulait abattre cette tour, relativement moderne, on découvrirait la partie masquée des Propylées et l'on rétablirait l'aspect primitif du monument; il a été question de le faire, mais l'on a hésité. Cette tour, quelque barbare qu'elle soit, fait en quelque sorte partie intégrante de l'horizon d'Athènes. L'œil est habitué à voir sa masse fauve se découper sur l'azur des montagnes lointaines, et peut-être regretterait son absence.

En face s'élèvent, sur un soubassement de trois rangées de degrés, les six colonnes doriques des Propylées. Deux seulement sont entières et portent au-dessus de leur chapiteau un fragment de triglyphe; c'est la première et la sixième; les quatre autres sont tronquées à égale hauteur; presque toutes ont leurs cannelures écaillées de plaques blanches qui attestent le passage des obus et des boulets. Les colonnes formant l'allée intérieure des Propylées sont également décapitées. Celles de la façade qui regarde le Par-

thénon ont été moins maltraitées : une seule
a perdu ses assises supérieures.

La Pinacothèque, où Pausanias a vu tant
de beaux tableaux de Xeuxis et de Polygnote,
occupe l'aile en saillie faisant face à la tour
vénitienne dont nous avons parlé tout à
l'heure ; elle porte sur une substruction et
présente un mur plan couronné d'une frise
de triglyphe et de métopes auquel s'adosse
une sorte de piédestal-pilier en marbre grisâtre un peu hors d'aplomb qui faisait pendant à un socle semblable maintenant disparu : ces piédestaux soutenaient autrefois
les statues équestres des fils de Xénophon.

Cette aile, la partie la mieux conservée
de tout l'édifice, est décorée sur son retour
intérieur d'un petit ordre dorique très-élé-
gant et très-fin, dont les colonnes sont d'une
dimension beaucoup moindre que celle des
puissantes colonnes des Propylées. Mnésiclès a sauvé cette différence avec un bonheur et une harmonie rares. Il laisse ainsi
toute son importance au portique du milieu
et évite la dissonance que produirait presque

infailliblement un autre ordre. La Pinaco-thèque renferme deux chambres dont la première sert en quelque sorte de vestibule à la seconde, qui est beaucoup plus vaste.

L'on a beaucoup disserté sur ce point, à savoir si les peintures dont parle Pausanias, étaient des peintures murales ou des peintures exécutées sur des panneaux fixés aux parois de la Pinacothèque. L'examen même peu attentif des lieux montre que jamais ces murailles n'ont été préparées pour recevoir l'enduit que nécessite toute peinture à la fresque ou à l'encaustique; elles sont trop lisses pour qu'aucune *impression* ait pu y tenir. Toute muraille revêtue jadis de peintures de ce genre a dû être piquée à la pointe et non aplanie à la gradine. Quant à la supposition de sujets exécutés sur des boiseries fixées avec des tenons de fer ou de bronze, elle tombe d'elle-même, car il n'y a pas un seul trou laissé par un crampon ou un clou dans les murs de la Pinacothèque. Les tableaux vus par Pausanias étaient peints sur du bois de cèdre ou de laryx femelle, suivant l'usage dès artistes de l'antiquité, et complétement indépendants de l'édifice où ils étaient rassemblés comme les chefs-d'œuvre d'une galerie.

De la Pinacothèque on a fait un musée où l'on a rangé avec une sorte de classification anatomique les fragments de statues trouvées dans l'Acropole, à Athènes ou aux environs. Ici les têtes, là les troncs ; d'un côté, les jambes, de l'autre, les bras, et ainsi de suite ; tout cela très-mutilé, très-fruste, très-incomplet, une espèce de vallée de Josaphat de la sculpture où chaque corps serait bien embarrassé de réunir ses membres. Parmi ces débris resplendissent des formes admirables, des morceaux sublimes ; une déesse tombée de l'autel et mise en pièces se révèle tout d'un coup par une épaule, par un col où se nouent en gerbe des cheveux ambrosiens ; l'imagination reconstruit le corps absent plus beau peut-être qu'il n'était sorti du pur bloc de Paros ou de Pentélique, si toutefois l'imagination humaine peut aller en fait d'art au delà de l'idéal grec, et l'on se sent pris d'une sourde colère en pensant à la stupidité des barbares qui ont anéanti tant de chefs-d'œuvre pour le plaisir idiot de la destruction. On maudit aussi le temps, et on lui en veut de ne pas se contenter de faire disparaître les générations d'hommes, mais de s'acharner aussi contre les générations de statues. Qu'il mange la chair et non le marbre, ce Temps vorace!

L'on débouche des Propylées sur le terre-plein de l'Acropole par cinq portes. Celle du milieu est la plus haute, les autres suivent une loi de décroissance harmonieuse. Cette façade intérieure des Propylées a pour décoration six colonnes d'un ordre ionique très-chaste et très-contenu dans sa grâce sévère, afin de ne pas jurer avec la majesté dorique du reste de l'édifice. Elles sont, du reste, d'une conservation remarquable, et posent devant les architectes modernes comme des modèles d'une perfection désespérante, dont le secret reste inconnu, malgré toutes leurs études et toutes leurs mesures.

Quelle magnifique entrée à cette merveil-

leuse enceinte obstruée de chefs-d'œuvre devaient faire les Propylés avant les mutila-
tions de toutes sortes qu'elles ont subies de
la part des hommes et des siècles! Quel sublime et majestueux portique au temple im-
mortel d'Ictinus et de Phidias! Quelle radieuse préface de marbre à cette grande page
du Parthénon, à ce blanc sanctuaire de la
vierge aux yeux verts! Car il est impossible
de voir dans le pur et sévère dorique de
Mnésiclès autre chose qu'un vestibule triom-
phal, qu'un portique initiateur préparant le
visiteur recueilli au spectacle surhumain qui
l'attend lorsqu'il en aura dépassé les colonnes. Y voir une redoute destinée à défendre
l'accès d'une forteresse, considérer ses entre-
colonnements comme des barbacanes pour
lancer des javelots, ses portes comme des
baies à donner passage à des bandes armées,
semble, à vrai dire, un de ces paradoxes
scientifiques où l'on peut mettre beaucoup
d'ingéniosité et d'érudition, sans être soi-
même très-persuadé de ce qu'on dit. —
Qu'on se soit battu dans les Propylées, cela

est possible, cela est même certain ; les ducs d'Athènes y avaient établi leurs corps de garde et leurs écuries, et les lourds roussins normands rayaient de leurs sabots les purs marbres grecs. Les Turcs s'y étaient fait des casemates de boue et de torses de statues brisées. Le sang chrétien et le sang infidèle a taché plus d'une fois ces dalles polies. On se bat et on s'égorge partout. Les crânes fêlés qu'on rencontre dans tous les coins de l'Acropole en sont la preuve. Mais tout cela ne prouve pas que l'architecte des Propylées ait jamais voulu faire un bastion. Son œuvre n'est qu'un monument purement décoratif ; elle sert à être belle et à présenter aux yeux, de ce côté de l'Acropole, une perspective heureuse. C'était là sa raison d'être, et les Grecs, beaucoup moins utilitaires que nous, s'en contentaient.

Avant de pénétrer sur la plate-forme de l'Acropole, retournons un instant sur nos pas, et visitons le temple, ou plutôt la chapelle de la Victoire Aptère, c'est-à-dire sans ailes, qui se trouve, comme je l'ai dit plus haut, un peu en avant de l'aile droite des Propylées, au pied de la grande tour vénitienne.

C'est de l'emplacement qu'occupe ce temple en miniature qu'Égée se précipita en apercevant la voile noire du vaisseau de Thésée, qui revenait de l'île de Crète, vainqueur du Minotaure, et, par inadvertance, avait hissé le signal convenu en cas de défaite. La victoire n'avait pas, cette fois, volé avec des ailes assez promptes pour informer et rassurer un père inquiet sur le sort de son fils. — Une autre explication, moins mythologique et plus probable, est que les Athéniens, en ôtant les ailes à la Victoire, s'imaginaient la rendre captive et la retenir parmi eux.

Ce délicat bijou architectural a fort souffert de l'explosion de la poudrière. Son toit est enlevé. — On a été obligé de rapprocher les assises disjointes, de les cimenter et de les relier par des crampons de fer. — Des portions ont été refaites; la frise n'offre plus que des sculptures émoussées et frustes, dont les contours se saisissent difficilement. Les têtes des personnages manquent; quelques bouts de draperies qui flottent autour des corps, comme une écume de marbre, une jambe, un torse moins mutilés que le reste, font deviner quelle a dû être la beauté de cette sculpture évanouie.

Le temple de la Victoire Aptère, dont la statue tenait une grenade d'une main et un casque de l'autre, est en marbre pentélique, élevé sur deux marches, précédé et suivi de quatre colonnes cannelées, du plus tendre et du plus charmant ionique. A l'intérieur, deux piliers de marbre semblent indiquer des chambrantes de portes. On a déposé là quelques plaques de bas-reliefs très-remarquables, et que le moulage a rendus populaires. La femme ailée qui se baisse pour rattacher sa sandale, et la femme effrayée par un taureau qu'essaye de retenir une de ses compagnes; le mouvement de la femme qui fuit est superbe, et son expression, quoique la tête soit brisée, se devine et perce à travers les traits absents. Quelques vagues traces de coloration, qu'on discerne ou que l'on croit

discerner sur ces bas-reliefs, pourraient four-
nir des arguments à ceux qui soutiennent le
thème de la statuaire polychrôme dans l'antiquité. Le plâtre a rendu avec sa fidélité bête
les contours de la femme qui rattache sa
sandale ; mais ce qu'il ne saurait faire soupçonner, c'est ce marbre mat et transparent,
à la fois, frais et tendre comme de la chair,
et qui paraît fait exprès pour donner un corps
aux rêves de beauté immortelle.

Moniteur Universel, octobre 1853.

CAUCASE. — CRIMÉE.

A PROPOS DES

LETTRES SUR LE CAUCASE ET LA CRIMÉE

DE M. GILLES.

Ce magnifique volume imprimé par Claye, édité par Gide, orné de trente vignettes gravées sur bois d'après Blanchard, ne porte pas de nom sur la couverture, mais il n'y a pas d'indiscrétion à le révéler puisqu'il est trahi par la griffe qui signe l'avant-propos, intitulé : *A défaut de préface*. L'auteur de ce beau livre est M. Gilles, numismate, archéologue, historien militaire et littérateur distingué, directeur du musée de Kertsch, du cabinet des médailles de l'Hermitage et du musée d'artillerie de Tsarkoë-Selo.

Se trouvant un peu las à la suite de tra-

13.

vaux opiniâtres, il consulta la médecine qui lui conseilla les eaux, cette panacée universelle pour les maux indéfinis dont la source est dans l'abus de l'intelligence. Les eaux! mais lesquelles? Celles de Carlsbad ou de toute autre bouilloire thermale de l'Allemagne? Les eaux de Piatigorsk eussent mieux valu sans doute; mais Piatigorsk est dans le Caucase, à un nombre de verstes assez effrayant de Saint-Pétersbourg. Heureusement, M. Gilles est un de ces malades robustes qui ne reculent devant aucune fatigue pour recouvrer la santé, et, malgré sa souffrance, il prit bravement la route de Piatigorsk. De Saint-Pétersbourg à Moscou ce n'est qu'un jeu; un chemin de fer vous y transporte comme en un rêve sur ses divans élastiques. Mais il n'y a pas encore de railway de Moscou à Piatigorsk, et il faut recourir à des moyens de locomotion plus primitifs.

Le tarentasse est le véhicule spécial que doit adopter tout voyageur qui parcourt la Russie dans les contrées qui s'écartent des trois ou quatre grandes lignes de circulation.

Avec une voiture de ce genre, M. Gilles a fait plus de quatre mille verstes sans qu'elle nécessitât de réparations importantes. Qu'est-ce qu'un tarentasse ? allez-vous dire. La chose mérite une description ; d'abord figurez-vous un train de quatre roues réunies par quatre pièces de bois équarries de sept ou huit pieds de longueur, nommées droghi, et renforcées en dessous par des bandes de fer. — Ces pièces, à cause de leurs dimensions, offrent une certaine flexibilité et forment les ressorts. Sur ce cadre on pose la caisse, landau, berline, chaise de poste, calèche de voyage, il n'importe : toute voiture s'adapte également bien au tarentasse. Les essieux sont souvent en bois de chêne, et ce ne sont pas les pires, car en cas de rupture votre yemtchik vous en taille un autre avec sa hache dans le premier arbre venu. La charge porte un peu sur le train de devant, ce qui fait qu'il est sage d'emporter une paire de petites roues en cas d'usure ou d'accident. Ainsi aménagé, avec sa caisse bien assujettie et tout son monde d'ustensiles, le tarentasse est inversable, et il se rit des mauvais chemins ou plutôt de l'absence de tous chemins : vous pouvez vous fier à lui et vous lancer à plein galop dans le steppe, où les ornières qui se croisent sur une largeur de soixante à quatre-vingts sagènes vous indiquent seules la route, vaste zone abandonnée à tout venant, sillage immobile dans cet océan végétal.

On attelle le tarentasse en troïka, c'est-à-dire avec trois chevaux; celui du milieu, qui est toujours le plus fort, enlève la charge; les deux autres, placés en flèche et retenus par une simple courroie, aident leur compagnon avec un air de bonne humeur, et galopent souvent pendant qu'il trotte. La douga, découpée en ogive et garnie de clochettes, arrondit son arc peint de couleurs vives au-dessus de la tête du limonier, et les brancards viennent s'y ajuster par un système de bandelettes. Le joyeux tintement de ces grelots anime l'attelage dont il rhythme en quelque sorte l'allure ; il empêche le cocher de s'endormir, et son babil sonore ôte au silence du steppe ce qu'il pourrait avoir de trop morne.

Il y a bien encore un autre moyen de locomotion qu'emploient les courriers de cabinet, les militaires pressés de se rendre à leur poste ou d'aller porter un ordre : c'est la telegua pérékladnaia. Pour avoir fait nous-même cinq cent vingt verstes sur ce véhicule endiablé, nous nous croyons le droit d'avertir les voyageurs qui n'ont pas l'âme chevillée au corps d'en choisir un autre, et pourtant nous ne tenons pas beaucoup à nos aises. Mettez la galère espagnole au galop et vous aurez à peine une idée des atroces secousses qu'imprime au corps disloqué la telegua russe ; mais on va comme le vent, et, si elle se brise, on en trouve une exactement pareille au relai suivant, pour y jeter sa malle et son sac de nuit ; ce qu'exprime l'adjectif *pérékladnaia*, tiré du verbe *perekladivate* (dételer et atteler).

Voilà notre voyageur bien installé dans son tarentasse, muni, comme il le dit lui-même, de tous les viatiques nécessaires, approvisionné d'essieux de rechange, de bouts de corde, de pics avec croc pour les montées, de sabots pour les descentes. En route ! Suivons-le dans cette immense course dont la première étape était Piatigorsk, et qui s'est prolongée sur les rives du Térek jusque vers le Daghestan, puis par la Sounja et Vladikavkaz, à Tiflis, au lac Sévang, à Erivan, à l'Ararat, à Edchmiadzin, et de l'Imiréthie et la Mingrélie jusqu'à Poti, où l'auteur s'embarqua pour la Crimée, d'où il gagna Odessa, Constantinople, Athènes et l'Italie. — Quel touriste que M. Gilles, et que sont à côté de cela nos pauvres petits voyages !

A Toula finit la chaussée régulière. A partir de là, le chemin libre se déroule à travers le steppe. Les Yamtchiks ne portent plus leur joli chapeau bas de forme, aux ailes relevées, orné quelquefois d'une coquette plume de paon. Ils se coiffent d'un feutre en pain de sucre tronqué. — La plaine s'étend immense sur une longueur de douze cents verstes à travers les gouvernements de Toula, d'Orel, de Voronèje et le pays du Don, pour ne finir que vers le Caucase. Dans cet humus profond et noir que les récoltes ne peuvent épuiser, verdit l'herbe d'émeraude ou jaunit la moisson d'or. Quand la terre n'a pas été détrempée par les pluies et présente une fermeté suffisante, c'est un plaisir des plus vifs de voler par un beau temps à raison de dix ou quinze verstes à l'heure à travers ces solitudes parfumées, aussi vastes que l'Océan même. La rapidité de la course active la circulation du sang et augmente l'intensité de la vie.

En allant de ce train, notre voyageur atteignit bien vite le pont de bateaux qui sert à franchir le Don, limite de la Russie d'Europe et de la Russie d'Asie; s'il avait pu douter qu'il foulât la terre du Caucase, le Cosaque qui vint gravement lui demander son passe-port le lui aurait appris.

C'est à Stavropol, chef-lieu de la province du Caucase, que commence la ligne de postes fortifiés qui constitue le système militaire le mieux organisé dans une contrée qu'il faut surveiller sans cesse, le jour et la nuit.

Ces postes sont échelonnés dans le steppe de dix verstes en dix verstes, quelquefois moins, quelquefois davantage, selon la sécurité qu'offre l'endroit. Ces postes, souvent de l'aspect le plus pittoresque, consistent en une enceinte carrée fermée d'un mur en pierre ou en terre blanchi à la chaux, percé de meurtrières, flanqué de deux saillies comme de petits bastions dont le feu défile l'enceinte.

Au-dessus de la porte quatre longues poutres, recouvertes d'un toit, soutiennent une plate-forme de planches, espèce de vigie d'où l'œil de la sentinelle se promène au loin dans l'espace, et signale, avec sa vue perçante, le moindre mouvement suspect du steppe. Ce belvédère aérien s'appelle la Voui-checha.

A l'intérieur, l'un des côtés est occupé par le corps de garde, la caserne et son petit magasin ; sur l'autre règnent les écuries où en un tour de main les chevaux sont sellés et bridés.

Chaque poste contient de dix à vingt hommes commandés par un officier, et peut faire une assez lóngue résistance pour donner le temps aux postes voisins qu'avertit la fusillade d'accourir à leur secours, en cas d'attaque par des forces supérieures.

Ce sont les Cosaques de la ligne du Caucase qui forment la garnison de ces postes, assez semblables à nos blockaus d'Afrique. Ils ont pour arme le *chacheka*, sabre montagnard, et le poignard qu'ils ne quittent jamais, le fusil rayé, et quarante-deux cartouches. Inutile de dire que ce sont d'excellents cavaliers.

A peu de distance de ce poste, au bout du steppe uni, le voyageur vit, le matin, se dresser à l'horizon la silhouette subite de hautes pyramides bleues : c'était le Bécheteau, les cinq montagnes, au pied desquelles s'adosse Piatigorsk, dont le nom russe est une traduction du nom tartare.

Laissons M. Gilles apprécier la composition et la vertu curative de diverses sources de Piatigorsk, décrire les bâtiments thermaux et le régime que suivent les baigneurs ; mais suivons-le dans l'aoul du prince abaze Hadji-Attajoukho-Aboukovo.

L'aoul, vu de dehors, présente une enceinte en clayonnage, haute de 7 ou 8 pieds, percée de meurtrières, que dépassent les toits des habitations et les cimes des arbres plantés dans les jardinets qui les entourent, mais sans aucune ouverture assez grande pour que les regards étrangers puissent pénétrer à l'intérieur. Au Caucase on est toujours sur le qui-vive, et la vie privée se mure comme une citadelle. La maison des hôtes (hadjache) s'élève en dehors de l'enceinte, soit pour les empêcher de pénétrer les mystères de l'aoul, soit pour leur donner la facilité de partir quand ils le veulent, et sans qu'une porte puisse se refermer sur eux.

Le prince abaze Hadji-Attajoukho-Aboukovo était un beau vieillard à turban blanc, signe de son pèlerinage à la Mekke, de manières dignes et polies, qui offrit à notre voyageur et à son guide, le colonel Aguicheff, le festin de l'hospitalité. Si l'on est curieux de connaître le menu d'un dîner abaze, nous allons le transcrire : — *Lhi-gacu*, mouton bouilli, servi sur un grand plateau, avec des tranches de galette de millet et une espèce de crème de lait caillé et de piment, tenant lieu de moutarde; — *chekatoura*, soupe de tête de mouton, avec crème liquide de lait et de piment rouge; — *lepse*, seconde soupe faite de riz, de petits oignons et d'un peu de piment; — *pilaf* avec *schips*, espèce de sauce épaisse de lait caillé et de miel, offerte séparément dans une jatte; — *chichelik*, mouton rôti sur des baguettes que l'on tourne devant un feu de charbon de bois; — le tout arrosé de *bouza*, espèce de bière faite de farine de millet, d'eau et de miel, où domine un goût douceâtre, et de *koumis*, boisson pour laquelle certains tempéraments ont une antipathie invincible, et qui, sympathique à d'autres, manifeste ses effets bienfaisants par une douce moiteur à la peau. M. Gilles fut assez heureux pour trouver bon ce nectar des Khirghizes, ce qui le fit considérer de suite comme un homme de goût, appréciateur des choses délicates.

Le prince abaze, mis en confiance, fit apporter à son hôte ses armes, qui étaient belles et la plupart anciennes. Il ne pouvait faire cette exhibition devant un plus fin et plus savant connaisseur. Il y avait des fusils à canon en damas rond et rayé, fabriqués en Crimée; l'un, de l'armurier Hadji-Mustapha, dont la réputation est grande dans le Caucase; l'autre, damasquiné en or, portant vers la culasse l'inscription arabe : « Devlet-Yeri-Khan, » et au bout : « Fils de Hassan-Yeri-Khan; » des chacheki à monture en argent niellé et doré, à lames striées de cannelures, et portant en diverses langues des inscriptions à demi effacées dont M. Gilles déchiffra quelques-unes, à la grande admiration du prince et de ses fils. La plupart de ces chacheki lui parurent de très-anciennes lames italiennes.

Le moment du départ arrivé, le prince fit présent à son hôte d'un beau bachlik en drap du pays, couleur cannelle, tout bordé de galons d'argent et de soie noire, et de deux pierres taillées à facettes (jaspe noire et jaspe sanguin) qu'il avait rapportées de la Mekke, espèce d'amulettes, dont l'une préservait de la morsure des serpents et l'autre de la fièvre.

M. Gilles a fait son voyage à un bon moment. Les mœurs qu'il décrit vont bientôt disparaître devant la civilisation envahissante. L'antique barbarie, après avoir combattu vaillamment, recule pied à pied, et ce qu'elle a perdu, elle ne le recouvre jamais. Ce n'est pas une guerre d'extermination pourtant que fait la Russie aux sauvages habitants de ces pittoresques contrées; mais la ligne des colonies militaires avance toujours.

Autour de l'église byzantine, à cinq dômes, de chaque stanitza se groupent des habitations où se trouvent déjà les recherches de la vie européenne. On n'y entend pas que le canon et la fusillade : les pianos y déchiffrent les partitions à la mode, et le soir, près de la table de thé, se réunissent des groupes aussi gracieux que dans aucun salon de Saint-Pétersbourg ou de Paris. Ces stanitzas sont des embryons de villes futures dont il n'est pas difficile de prévoir la grandeur; le rayon dont elles assurent la tranquillité s'étend de jour en jour et rejoint celui de la stanitza voisine.

Il y a six mois on ne pouvait parcourir telle zone sans escorte, aujourd'hui on peut s'y promener seul de jour ou de nuit en toute sécurité. A chaque campagne, la frontière se déplace et se reporte plus loin,

Il faut rendre ici justice à la perspicacité prophétique de M. Gilles. Dans son livre, imprimé plusieurs mois avant ce grand événement, il prédit comme infaillible la prise ou la reddition de Schamyl dans un délai très-rapproché, et cela par des raisons dont la logique a été victorieusement démontrée depuis. L'habile stratégie du prince Vorontzov et du prince Bariatensky, la brillante valeur de Sleptzov, dont les exploits ont fourni le sujet de plus d'une ballade, devaient aboutir à ce résultat. Les abatis de deux portées de canon, pratiqués dans les forêts vierges de ces contrées et y formant de larges routes à l'abri de l'embuscade, ont donné passage aux convois, aux corps d'armée et aux trains d'artillerie jusqu'en des lieux réputés autrefois inaccessibles par les montagnards. L'attaque a pris les moyens de la défense, avec toute la

supériorité de la discipline et de la civilisation sur la barbarie. Ce ne sont pas d'ailleurs
des ennemis méprisables que ces montagnards du Caucase. Ce trait, que cite
M. Gilles, a une grandeur héroïque. En 1850,
quatre abadzeks se trouvèrent cernés dans
une expédition, on les engagea à se rendre;
ils répondirent qu'ils étaient gentilshommes
et ne le pouvaient ni ne le savaient. Pendant
ces pourparlers, ils se dépouillaient de leurs
habits et s'enveloppaient de la longue pièce
d'étoffe blanche qu'ils portent roulée autour
de leur bonnet pour leur servir de linceul
quand ils tombent sur le champ de bataille
de la mort des braves, et ils se firent tuer
tous les quatre en tirant sur les Cosaques
qui les entouraient. N'est-ce pas aussi une
idée noble et poétique que celle de ces Kev-
sours qui cousent un petit morceau de drap
rouge à la place du trou fait dans leurs
cottes de maille par une balle, se décorant
ainsi d'une sorte de Légion d'honneur sauvage, assurément bien méritée ? Par une
ironie chevaleresque, les Tcherkesses saluent

en ôtant leur bonnet le boulet maladroit qui passe à côté d'eux ou tombe à leurs pieds. La vendetta existait chez les Tcherkesses et les autres peuples montagnards du Caucase, mais cet usage commence à tomber en désuétude, comme en Corse. Ces peuples attachent une grande importance à la beauté et à la trempe de leurs armes. On en essaye le fil sur une pierre de silex. La lame, en remontant comme un archet de violon, doit faire jaillir des étincelles et ne pas s'ébrécher. Mais qu'importe, après tout, la trempe de l'arme? Le proverbe kabardien dit fièrement : « Si le cœur est long, le chacheka est long; si le cœur est court, le chacheka est court. »

Le costume du Tcherkesse, ce brigand de montagne, est sauvagement pittoresque ; la tchekmette (tunique), avec ses poches à étuis pour les cartouches placées comme un ornement des deux côtés de la poitrine, a une élégance martiale et sévère, et le bachelik en drap à longues pointes se nouant autour du col ressemble au gracieux bonnet phrygien;

le bachelik recouvre en temps de pluie le bonnet en peau d'agneau, et la bourka met le cavalier à l'abri des intempéries de l'air et de l'égratignure des broussailles où il se glisse de nuit avec son cheval agile et souple comme une chèvre.

Quand le Tcherkesse ne craint pas d'éveiller l'écho et de dénoncer sa présence, il chante cette ballade nationale d'un caractère héroïque et farouche :

« C'est avec peine que nous approchons de notre vieillesse, c'est à regret que nous nous éloignons de notre jeunesse ; ne dois-je pas vous chanter, braves descendants de Tourpal Nahschououo, notre air paternel ? Comme le coup du glaive foudroyant fait briller l'étincelle, de même nous tirons notre origine de Tourpal Nahschououo. C'est la nuit où la louve met bas qu'on nous a fait naître ; les noms nous ont été donnés le matin, lorsque la panthère remplit l'espace de son cri pénétrant, — tels nous sommes, tels nous descendons de notre protoplaste Tourpal Naschououo. Quand il fait beau, la pluie cesse, c'est de même chez nous; l'œil ne verse pas de larmes au libre battement du cœur; — si vous ne vous fiez pas à Dieu, la victoire vous manquera. N'obscurcissons pas la gloire du nom de notre père Tourpal Nahschououo! »

Parfois le Tcherkesse, quand sa réputation de valeur est bien établie, renonce aux aventures et rentre dans la vie privée. Il a distribué généreusement le produit de ses razzias, il ne possède que ses chevaux et ses belles armes; mais tous ceux qui l'ont accompagné dans ses expéditions et ont profité de sa magnificence lui font des présents et lui montent sa maison. Il devient alors un paisible propriétaire, faisant valoir ses terres et multiplier ses troupeaux.

A toutes ces peintures de la vie guerrière, l'auteur a su mêler des descriptions gracieuses et pittoresques. Son tableau d'une noce karaboulak est charmant. Les costumes diaprés, les détails caractéristiques s'accusent avec une touche ferme et sûre. On dirait un Decamps. Rien de plus fin que la figure de la jeune mariée assise, suivant l'usage, sur le lit nuptial, et dérobant son pur profil dans un pli de son voile, malgré les instances de sa mère, curieuse de faire admirer sa fille au seigneur étranger.

Tiflis, sur la route de la Transcaucasie, est une étape marquante dans cet immense voyage. La ville s'élève du fond d'un entonnoir formé par le rapprochement des montagnes au bord du Koura, qui trace une profonde coupure entre ses rives schisteuses ; sa physionomie est moitié orientale, moitié européenne. Mais le côté asiatique tend à disparaître et disparaîtra bientôt tout à fait, au grand regret des peintres, les gens du monde les moins sensibles aux progrès de la civilisation. Cependant Tiflis a encore beaucoup de caractère, pour nous servir d'un mot que les artistes aiment à employer. Les dômes à toit aigu des vieilles églises, le bazar, les terrasses des anciennes maisons projetant la forte saillie de leur rebord, mille détails d'architecture locale, le mélange des jardins et des maisons, les rues en pente, les antiques fortifications escaladant le sommet du rocher qui domine la ville par des murailles flanquées de tours, le mouvement d'une population aussi variée de costume que le bal masqué de *Gustave*, tout cela prête encore admirablement à l'aquarelle et au panorama.

Le bazar a gardé son cachet. Dans des boutiques sans devanture et pareilles à des alcôves qui s'ouvriraient sur la rue, les tailleurs, les brodeurs, les passementiers travaillent accroupis, nattant la soie et l'or, cousent les chalvars, les akhoulas, les tchekmettes, les béchemettes, non loin des armuriers et des vendeurs de fruits; des porteurs d'eau passent, transportant leur marchandise dans des outres immenses auxquelles l'allure de l'âne ou du cheval ployant sous la charge donne une espèce de vie convulsive. Vous pensez bien que notre voyageur ne se fit pas faute d'acheter au bazar quelques bonnes armes, surtout des damas et des chachekis à lame kabardienne et tchetchense. Mais il faut s'y connaître comme lui pour se risquer à faire emplète à Tiflis de semblables curiosités. On les y contrefait à tromper les plus fins. Croiriez-vous que Tiflis fabrique le cylindre persépolitain avec figures et inscriptions cunéiformes à l'usage des collectionneurs naïfs, et de manière à faire illusion? En revanche, on y trouve beaucoup de vieilles monnaies anciennes, rares et authentiques. Il y a compensation : achetez à Tiflis des tapis persans, ils y sont magnifiques; mais pour cela faites-vous accompagner d'un expert. Vous ne trouverez pas de différence, vous profane, entre le tapis de quinze cents francs et le tapis de cent écus.

Nous voilà bien en pleine Asie, sans doute; mais entrez dans ce beau bâtiment : on y chante la *Norma,* et c'est M*me* Stolz qui fait la druidesse coupable. — Tiflis, la *Norma,* M*me* Stolz, n'est-ce pas que ces mots s'accouplent d'une façon illogique et ont l'air tout étonnés de se trouver ensemble? Mais l'avenir nous réserve bien d'autres dissonances.

Pour faire contraste à cet excès de civilisation, un millionnaire arménien s'est fait bâtir un palais des Mille et une Nuits, dans le goût turc et persan, tout à fait digne d'un sultan ou d'un calife.

Il y a encore dans le vieux Tiflis quelques-unes de ces salles de rez-de-chaussée à demi souterraines, percées de deux rangs d'étroites fenêtres en ogive, grillagées de treillis, dallées de marbre et appelées *derbazi*, où la famille cherche un refuge contre les brûlantes chaleurs de l'été. Tiflis a aussi gardé de l'Orient les bains de vapeur et le massage.

De la Transcaucasie M. Gilles passe à l'Arménie, où sur les routes on commence à rencontrer de longues files de chameaux. Il voit l'Ararat, le mont sacré où s'arrêta l'arche de Noé et où la tradition prétend qu'elle est encore. Notre voyageur aurait bien voulu en tenter l'ascension, mais la saison était trop avancée; il dut se contenter de regarder à distance la cime souvent encapuchonnée de nuages de la célèbre montagne. C'est sur un versant de l'Ararat que Noé planta, dit-on, le premier cep de vigne. Il visita, à Érivan, la charmante mosquée dite la *Mosquée bleue*, de la couleur de sa coupole et de ses ornements, et le délicieux palais, abandonné maintenant, du serdar Hussein. L'espace nous manque pour suivre M. Gilles dans l'Iméréthie et la Mingrélie, le long de la côte de Crimée qu'il décrit en savant, en antiquaire, en artiste, avec une abondance de renseignements, une précision de détails, une vivacité de couleur qui font de son livre un des ouvrages les plus instructifs et les plus agréables que l'on ait écrits sur ces pays aussi curieux que nouveaux.

Moniteur Universel, 3 décembre 1859.

SYRIE

A PROPOS DU

VOYAGE EN ORIENT DE GÉRARD DE NERVAL

Voici déjà longtemps que ce livre a paru ; il a eu des éditions multiples, et toute bibliothèque un peu bien composée le possède sur ses rayons. L'âme charmante, dont il renferme les tendres confidences, a passé du rêve de la vie au rêve de l'éternité, inconsciente de la triste fin de son enveloppe, et à sa mémoire s'attache ce respect que l'islam accorde aux esprits visités de Dieu. Rien n'est plus sage, d'ailleurs, plus raisonnable, plus fin d'aperçu, plus délicat et plus correct de forme que cette œuvre où les confessions de l'homme se mêlent aux peintures des choses, et qui transporte en Orient, avec une originalité propre, le voyage sentimental de Sterne.

15.

Personne n'a oublié Zeynab, la Javanaise au teint jaune, aux cheveux couleur d'acajou sombre, à la poitrine tatouée de soleils et de signes cabalistiques, à la narine percée par la boutonnière d'un anneau et que Gérard acheta cinq bourses du djellab Abd-el-Kerim, pour se soustraire au soupçon d'immoralité qui ne manque pas d'atteindre au Caire quiconque vit dans le célibat, et aussi un peu pour entrer dans l'intimité de la vie orientale si hermétiquement fermée au touriste. On se rappelle quels embarras causa naïvement à son maître cette pauvre esclave imbue des préjugés de sa race et rebelle à toute tentative de sociabilité européenne. Qui n'a souri aux scrupules de conscience qu'expose dans sa parfaite bonté de cœur ce cher Gérard empêtré et charmé de son acquisition, mais craignant d'avoir, par un caprice d'artiste, pris la responsabilité d'une existence innocente? Connaissant nos opinions turques à l'endroit de la femme, il nous avait même écrit de Beyrouth pour nous proposer sa cadine, la certifiant d'un ton d'ambre à contenter les plus difficiles amateurs de couleur locale; mais il fallait l'aller prendre sur place ou tout au moins l'attendre à Marseille à la descente du paquebot. La crainte que Zeynab, une fois à Paris, n'eût la fantaisie de s'affubler d'un chapeau à plumes, d'une robe à volants et d'un châle traînant sur le talon de sa bottine, nous empêcha d'accepter le présent de notre ami. — Cependant quel effet eût produit aux premières représentations une Javanaise jaune d'or, cheveux couleur d'acajou!

Mais ce n'est pas pour revenir sur cette partie du voyage de Gérard que nous écrivons ces pages. Dans ce livre, qui est un chef-d'œuvre, il y a un séjour au Liban auquel les événements de Syrie [1] donnent un intérêt tout actuel et qui montre avec quelle sagacité ce rêveur, insouciant en apparence, avait observé les hommes et les choses. Après avoir confié Zeynab aux soins de madame Cartès, une maîtresse de pension marseillaise, dont la classe réunissait les religions

[1] Écrit en 1860.

les plus diverses, notre voyageur parcourt Beyrouth, l'esprit en repos, et tout en flânant dans les rues et les bazars, médite une excursion dans la montagne qui a fourni des poutres au temple de Salomon.

Une alerte récente avait ému la ville; mais, après quelques coups de fusil échangés et quelques maisons brûlées de part et d'autre, Druses et Maronites étaient rentrés dans l'ordre jusqu'à la première occasion. Les cheiks maronites étaient allés conter leurs griefs au pacha, qui leur avait fait donner un chibouk et une tasse de café, et, leurs doléances écoutées, leur avait répondu avec un beau flegme turc que leurs adversaires étaient venus déjà déposer des plaintes identiques; qu'il réfléchirait mûrement pour voir de quel côté se trouvait la justice et qu'on pouvait tout espérer du gouvernement de Sa Hautesse, devant qui toutes les religions et toutes les races de l'empire auront toujours des droits égaux.

Au fond, les Turcs ne se soucient que d'une chose, du payement des impôts — que le *miri* rentre, peu importe le reste. Il ne leur est pas autrement désagréable que ces chiens, d'origines et de croyances opposées, se déchirent entre eux. Leur domination est assurée par ces rivalités. Le rôle des pachas n'est d'ailleurs pas facile dans ce pays, comme le remarque judicieusement Gérard de Nerval : « On sait, dit-il, quelle est la variété des races qui habitent la longue chaîne du Liban et du Carmel, et qui dominent de là comme d'un fort le reste de la Syrie. Les Maronites reconnaissent l'autorité spirituelle du pape, ce qui les met sous la protection de la France et de l'Autriche. Les Grecs-unis, plus nombreux, mais moins influents, parce qu'ils se trouvent en général répandus dans le plat pays, sont soutenus par la Russie. Les Druses, les Ansariés et les Métualis, qui appartiennent à des croyances ou à des sectes que repousse l'orthodoxie musulmane, offrent à l'Angleterre un moyen d'action que les autres puissances lui abandonnent trop généreusement. »

A ce propos, quel fin portrait humoristique il trace de ce ministre anglican, rencontré à la table d'hôte du signor Battista, alors le seul hôtelier franc de Beyrouth ! Ce digne commis voyageur de la société évangélique de Londres, qui se faisait servir par un parsis à figure bronzée, portant un costume de mousseline blanche et des boucles d'oreilles d'argent, arrivait de la montagne où il avait répandu plus de trois cents Bibles et opéré beaucoup de conversions. Il fit voir à son commensal le registre des abjurations obtenues, confirmées par des signatures et des cachets arabes ; et sur le verso les présents et les sommes données aux néophytes. C'était de la propagande tenue en partie double, comme il sied à tout commerçant qui a de l'ordre. Lui-même touchait une prime pour chaque conversion, et n'était-ce pas juste ? Ne fallait-il pas rémunérer des voyages chers, fatigants, périlleux quelquefois ?

Ces conversions, on le pense bien, n'étaient rien moins que sincères. La doctrine secrète des Druses sectateurs du calife Hakem les autorise à embrasser extérieurement la religion qui convient le plus à leurs intérêts ;

mais ces conversions rangent naturellement les néophytes sous le protectorat de l'Angleterre ; et, pour protéger les gens, il faut bien se mêler de leurs petites affaires, ce qui est un excellent prétexte d'intervention politique.

La sympathie du ministre était toute dévolue aux Druses, opprimés selon lui par les Maronites. — Ces pauvres gens, disait-il, sont bien malheureux ; on les tue, on les brûle, on éventre leurs femmes, on détruit leurs moissons, on coupe leurs arbres. — Pardon, lui répondait Gérard, mais nous nous figurons en France que ce sont eux, au contraire, qui oppriment les chrétiens !

— Oh Dieu ! non, les pauvres gens ! Ce sont de malheureux cultivateurs qui ne pensent à rien de mal. Mais vous avez vos capucins, vos jésuites, vos lazaristes qui allument la guerre, qui excitent contre eux les Maronites, beaucoup plus nombreux. Les Druses se défendent comme ils peuvent, et sans l'Angleterre ils seraient écrasés. L'Angleterre est toujours pour le plus faible, pour celui qui souffre...

Les événements de Syrie ont prouvé, avec un luxe d'incendies et de massacres, que c'étaient bien les Druses qui assommaient les Maronites, aidés en cela par la complicité du fanatisme musulman à qui la religion chrétienne est plus odieuse que toute autre. Mais l'opinion de l'Angleterre ne s'est pas beaucoup modifiée pour cela. — Elle trouve qu'on est bien sévère pour ces pauvres Druses, et sans doute le révérend ministre continue à répandre des Bibles dans la montagne.

On ne peut rien lire de plus amusant que la description de Beyrouth dans le livre de Gérard. — Bien que la peinture des objets soit exacte, ce n'est pas le côté pittoresque qui prend le plus de place. Quand il a indiqué les monuments, les personnages, les costumes de sa touche fine, sobre, discrète, l'auteur décrit ses propres sensations. Le pays ne lui apparaît pas avec une nouveauté absolue; il lui revient comme un souvenir d'existence antérieure, comme un de ces rêves oubliés que ravive la rencontre inattendue de l'objet dans la réalité. Les récits des historiens et des voyageurs, les tableaux, les gravures composent au fond de l'âme une sorte de géographie chimérique que contrarie souvent la véritable, et c'est là un des désenchantements du touriste. Il voit crouler, une à une, devant lui les villes merveilleuses qu'il s'était créées avec la libre et riche architecture de l'imagination. Mais ici, ce n'est pas le cas; il n'y a pas de déception; la fantastique perspective existe et satisfait à toutes les exigences du mirage; aussi notre voyageur enthousiasmé s'écrie-t-il avec un bel élan lyrique :

« O nature ! beauté, grâce ineffable des cités d'Orient bâties aux bords des mers, tableaux chatoyants de la vie, spectacle des plus belles races humaines, des costumes, des barques, des vaisseaux se croisant sur des flots d'azur, comment peindre l'impression que vous causez à tout rêveur et qui n'est pourtant que la réalité d'un sentiment prévu? On a déjà lu cela dans les livres, on l'a admiré dans les tableaux, surtout dans ces vieilles peintures italiennes qui se rapportent à l'époque de la puissance maritime des Vénitiens et des Génois; mais ce qui surprend aujourd'hui, c'est de le trouver encore si pareil à l'idée qu'on s'en est formée. On coudoie avec surprise cette foule bigarrée qui semble dater de deux siècles, comme si l'esprit remontait les âges; comme si le passé splendide des temps écoulés s'était réformé pour un instant. Suis-je bien le fils d'un pays grave, d'un siècle en habit noir et qui semble porter le deuil de ceux qui l'ont précédé? Me voilà transformé, observant et posant à la fois, figure découpée d'une marine de Joseph Vernet. »

Cette sensation, nous l'avons éprouvée nous-même plus d'une fois en Afrique, en Grèce, à Constantinople; et c'est une des plus vives qui puisse chatouiller encore un esprit blasé par la monotonie des civilisations. L'aspect de la barbarie plus rapprochée de la nature que l'état où nous vivons semble remuer au fond de l'homme les anciens instincts primitifs endormis et exerce une séduction irrésistible. La société y écrase moins l'individu, chacun y a davantage la responsabilité de soi-même. Aussi quelle ineffable dignité possède le moindre Levantin, qu'il soit vêtu d'un soyeux burnous ou seulement drapé d'une loque! L'on se sent si misérable, si disgracieux, si laid dans ce hideux habit moderne que, bien qu'il soit une protection en Orient, on a hâte de le dépouiller, car l'on est gêné parmi cette foule éclatante où l'on fait tache, comme lorsqu'on tombe en frac noir au milieu d'un bal masqué.

Gérard ne manque pas d'ajouter à son costume un détail de parure particulièrement syrienne, qui consiste à se draper le front et les tempes d'un mouchoir de soie rayé d'or, qu'on appelle keffieh et que l'on fait tenir sur la tête en l'entourant d'une corde de crin tordu. L'utilité de cet ornement est de préserver les oreilles ou le col des courants d'air si dangereux dans les montagnes. — Ainsi costumé, notre ami Gérard avait l'air d'un roi mage, il l'avoue lui-même, en faisant violence pour cette fois à sa modestie ordinaire. Dans le bazar de Smyrne nous avons rencontré plusieurs Syriens arrangés de la sorte, et rien n'est plus pittoresque que cette coiffure bariolée d'or et de couleurs éclatantes, avec ses longs cordons de soie dont les nœuds et les houppes se répandent gracieusement sur les épaules. — Quand on pense que les nations prétendues civilisées portent sur la tête des boisseaux de carton revêtus de peluche noire, c'est à mourir de honte !

Sous cet accoutrement, qui n'était pas une simple fantaisie d'artiste, mais une sorte de domino assurant la liberté de l'observateur parmi ce carnaval de costumes, Gérard de Nerval put circuler partout sans exciter la défiance, observer les détails de mœurs, assister à des cérémonies religieuses d'où l'eût banni, comme profane, le fanatisme musulman ; et il fut, à l'enterrement d'un santon célèbre, témoin d'un miracle turc, occasion rare ! Le santon, de son vivant, était un homme d'un caractère bizarre, et la mort en avait fait un cadavre fantasque. Son corps se refusait à entrer dans le turbé ou marabout préparé pour lui, soit qu'il ne le trouvât pas assez magnifique, soit pour toute autre raison. A chaque fois qu'on présentait le cercueil à la porte, il se rejetait en arrière, repoussé par une force inconnue, entraînant avec lui les derviches croque-morts. — Les Turcs présents à la cérémonie conseillèrent de faire tourner rapidement le corps, afin de l'étourdir un peu et de vaincre sa résistance; le conseil fut suivi, et le santon, corrigé de son caprice, entra paisiblement dans l'asile, où il devait dormir son sommeil éternel, les pieds orientés vers la Mecque.

Ce miracle était-il vrai ou faux? Un sceptique n'y aurait vu qu'une grossière jonglerie des derviches pour accréditer un marabout. Mais Gérard n'était pas sceptique; il aimait mieux croire que nier ou douter seulement. — Sa crédulité scientifique ajoutait foi volontiers à toutes les superstitions, aux plus anciennes comme aux plus récentes.

« D'ailleurs, s'écrie-t-il, qui oserait faire du scepticisme au pied du Liban ! Ce riva

16.

n'est-il pas le berceau même de toutes lés croyances du monde ? Interrogez le premier montagnard qui passe : il vous dira que c'est sur ce point de la terre qu'eurent lieu les scènes primitives de la Bible ; il vous conduira à l'endroit où fumèrent les premiers sacrifices ; il vous montrera le rocher taché du sang d'Abel, plus loin existait la ville d'Énochia, bâtie par les géants et dont on distingue encore les traces : ailleurs, c'est le tombeau de Chanaan, fils de Cham. Placez-vous au point de vue de l'antiquité grecque et vous verrez aussi descendre de ces monts tout le riant cortége des divinités dont la Grèce accepta et transforma le culte propagé par les émigrations phéniciennes. Ces bois et ces montagnes ont retenti des cris de Vénus pleurant Adonis, et c'était dans ces grottes mystérieuses où quelques sectes idolâtres célè-brent encore des orgies nocturnes qu'on allait prier et pleurer sur l'image de la victime, pâle idole de marbre ou d'ivoire aux blessu-res saignantes, autour de laquelle les femmes éplorées imitaient les cris plaintifs de la déesse. — Les chrétiens de Syrie ont des solennités pareilles dans la nuit du vendredi saint ; une mère en pleurs tient la place de l'amante, mais l'imitation plastique n'est pas moins saisissante. On a conservé les formes de la fête décrite si poétiquement dans l'idylle de Théocrite. — Croyez aussi que bien des traditions primitives n'ont fait que se transformer et se renouveler dans les cultes nouveaux... Mais débarrassons-nous de ce bagage de souvenirs antiques et de rêveriés religieuses où conduisent si invinciblement l'aspect des lieux et le mélange des populations, qui résument peut-être en elles toutes les croyances et toutes les superstitions de la terre. Moïse, Orphée, Zoroastre, Jésus, Mahomet et jusqu'au Bouddha indien ont ici des disciples plus ou moins nombreux. »

Un tel milieu devait plaire à Gérard de Nerval, dont le cerveau fut toujours travaillé d'idées mystiques, et qui rêvait une synthèse religieuse réduisant en un seul les cultes de tous les temps qui, selon lui, se trouvent les mêmes. Son point de vue n'était nullement négatif et voltairien ; il admettait tout, et sa vaste érudition ne manquait jamais de ressources pour rattacher à l'idée fondamentale le fait divergent en apparence par quelque interprétation symbolique aussi subtile qu'inattendue. Il rendait des respects à tous les dieux, et comme il le disait : « Pourquoi ne pas être poli à l'endroit de Jupiter ? » Toute raillerie contre les dieux olympiens le gênait visiblement, et il n'aimait pas qu'on parlât mal d'aucun prophète, même de Hamza le prophète, de Hakem, dernière apparition de la divinité sur terre.

Un jour, à la place Royale, debout devant la grande cheminée du salon de Victor Hugo, Gérard dissertait sur son sujet favori, mélangeant les Olympes et les Enfers des différents cultes avec une impartialité telle qu'un des assistants lui dit : « Mais, Gérard, vous n'avez aucune religion ! »

Il toisa dédaigneusement l'interrupteur et fixant sur lui ses yeux gris, étoilés d'une scintillation étrange, il répondit : « Moi, pas de religion ; — j'en ai dix-sept... au moins ! »

On pense bien qu'une pareille profess'on de foi termina la discussion. — Personne dans l'assemblée ne pouvait déployer un tel luxe de croyance.

Le désir de se renseigner sur cette secte mystérieuse des Druses, la plus récemment révélée de toutes, le poussa vers le Liban, autant au moins que la curiosité pittoresque. Déjà, au Caire, il se préoccupait du calife Hakem, ce dieu qui se manifesta lui-même par lui-même, à lui-même, suivant l'expression du catéchisme druse et dont plus tard il raconta les aventures sous la forme d'une légende orientale qui n'est pas le moindre ornement de son volume. La doctrine secrète des Druses est le contre-pied de toute religion ; elle n'admet pas de néophytes. — Se convertir à elle n'est pas un moyen d'être sauvé ; le renégat d'un autre culte en serait pour son abjuration. Comme dit la loi, « la porte est fermée, l'affaire est finie, la plume est émoussée, » et après sa mort son âme va rejoindre sa première nation et sa première religion. Il faut naître Druse ; on ne le devient pas. Désirant étudier de près Druses et Maronites, notre voyageur résolut de mettre à profit la connaissance qu'il avait faite d'un émir du Liban pour aller visiter sous sa conduite le village mixte de Bethmarie. Il loua un grand cheval blanc, maigre comme la monture de la Mort dans l'Apocalypse et dont l'épine dorsale ressemblait à une arête de poisson. Un jeune garçon, nommé Moussa, baragouinant l'italien d'une façon assez intelligible, l'accompagnait.

A quelque distance de la ville on fit remarquer à notre ami la grotte d'où s'élança le dragon qui devait dévorer la fille du prince de Beyrouth et que Saint-Georges, le plus chevaleresque des saints, traversa d'un coup de lance ; prouesse admirée de tous, et même des Turcs qui ont bâti une petite mosquée sur l'emplacement même du combat.

De ce point l'on aperçoit Beyrouth, dont le promontoire s'avance à deux lieues dans l'azur de la mer, avec ses hauteurs couronnées de pins parasols et ses escaliers de jardins cultivés en terrasse. La vallée qui sépare les deux chaînes de montagnes s'étend lavée de teintes d'améthyste et piquée de points d'un blanc crayeux, représentant à cette distance les villas et les habitations. Bientôt l'on traversa à l'ombre des arches d'un pont romain le Nahr-Beyrouth, ruisseau l'été, torrent l'hiver, dont le cours est dessiné par d'onduleuses lignes de lauriers-roses; puis l'on atteignit la crête de la première zone de montagnes qui d'en bas semble se confondre avec le Sannin. Derrière ce contre-fort se creuse une vallée dont l'autre versant se relève et forme une arête plus haute, couronnée de villages qu'il serait facile de fortifier d'une manière inexpugnable, si trop de peuples n'avaient pas intérêt à maintenir la division parmi les tribus du Liban.

Sur le second plateau s'élève une église, de style byzantin, où l'on célébrait la messe et sur laquelle Gérard remarqua avec peine l'aigle à double tête d'Autriche, déployant ses ailes en signe d'une protection qui incombait autrefois à la France.

En dépit de l'observation de Henri Heine, qui prétend que le catholicisme est une bonne religion d'été, notre touriste, baigné de sueur, ne voulut pas pénétrer sous les voûtes fraîches du sanctuaire et se contenta de suivre les cérémonies de la porte. L'office se célébrait en syriaque et les prêtres vêtus de raides dalmatiques avaient l'aspect de ces saints grecs encastrés dans des champs de mosaïque d'or.

Le village de Bethmarie, où l'on ne tarda pas à arriver, après avoir traversé des ravins à pierres tranchantes, quelques lambeaux de sables stériles, des bois de pins et des plants d'olivier, se dresse sur un plateau d'où l'on aperçoit d'un côté la mer et de l'autre une vallée creusée en abîme, d'où émergent, à travers la vapeur bleuâtre du lointain, les cimes d'autres montagnes formant un nouveau contre-fort.

Une vingtaine de maisons disséminées sous les arbres présentaient l'aspect d'un de nos villages du Midi. L'une d'elles, au toit effondré, aux solives charbonnées, indiquait un incendie récent. Les Druses, profitant d'une noce qui rassemblait dans cette enceinte une assez nombreuse compagnie de Maronites, y avaient mis le feu; les invités avaient à peine eu le temps de fuir. Les Druses étaient des habitants de Bethmarie même, et leur quartier n'était séparé de la partie maronite du village que par un intervalle vide de deux cents pas, où les Turcs intervenus avaient établi un camp d'Albanais qui vivaient aux dépens des victimes et des oppresseurs avec la plus flegmatique impartialité, après avoir retiré les armes — à qui? aux Druses, coupables d'attaque nocturne et d'incendie, allez-vous dire, — non pas; mais bien aux Maronites assommés et brûlés. — Vous voyez bien que le système suivi ne date pas d'hier.

Gérard fut invité à prendre le café chez le moudhir (gouverneur turc). Ce gouverneur prétendait que toutes ces dissensions provenaient de ce que les Druses ne voulaient pas verser l'impôt entre les mains des cheicks maronites, et réciproquement; mais qu'après tout, ces gens étaient fort tranquilles, et que l'étranger pouvait circuler par tout le pays, sans être obligé, comme autrefois, de prendre parti pour la croix blanche ou la main blanche. — (La croix et la main sur champ rouge sont les signes distinctifs des sectes rivales et figurent sur leur drapeau.) Les événements de Syrie ont donné un démenti éclatant à cet optimisme oriental.

Le manoir de l'émir Abou-Miran avait une physionomie gothique, perché qu'il était au sommet d'un mamelon autour duquel tournait un chemin escarpé. De hauts murs où se découpaient quelques fenêtres à ogives étroites enfermaient une cour intérieure entourée de galeries soutenues par des colonnes. On y accédait par une porte basse à cintre surbaissé. — Des nègres et des valets s'empressaient autour des chevaux, et le voyageur fut conduit au *Serdar*, salle réservée aux hôtes où un divan lui tint lieu de lit. — Le matin, le piétinement des chevaux dans la cour, les bruits variés d'une grande maison qui s'éveille, firent dès l'aurore ouvrir les yeux a notre voyageur. Des montagnards apportaient des provisions, des moines en capuchon blanc et en robe bleue se promènaient, regardant cette activité d'un air de bienveillance. Le prince mena son hôte au jardin où se cultivaient des palmiers, des bananiers et autres plantes tropicales qui sont des raretés à cette hauteur, dans la fraîche atmosphère de la montagne. — On jouissait de là d'une vue splendide sur la vallée où coule profondément encaissé le Nahr-el-Kelb, ou rivière du Chien; mais toutes ces perspectives ne distrayaient pas Gérard de son idée fixe. — Un manoir si féodal devait avoir des châtelaines. — Les verrait-il? — Les Maronites étant chrétiens ne voilent pas leurs femmes. — Aussi à l'heure du dîner, deux femmes magnifiquement parées étaient-elles accroupies dans des poses d'idole sur les coussins du divan. — Une petite fille jouait près d'elles qui se leva pour aller baiser la main de l'hôte selon la coutume de l'Orient.

L'on sera peut-être curieux de connaître la toilette des deux princesses du Liban. La description, quoique faite il y a plusieurs années, doit être exacte encore aujourd'hui, car les modes asiatiques ne changent guère.

« Ces personnes étaient vêtues, par-dessus les gilets qui pressent la poitrine et le *chetyan* (pantalon) à longs plis, de longues robes de soie rayée ; une lourde ceinture d'orfévrerie, des parures de diamants et de rubis témoignaient d'un luxe, très-général d'ailleurs, en Syrie, même chez les femmes d'un moindre rang. Quant à la corne que la maîtresse de la maison balançait sur son front et qui lui faisait faire les mouvements d'un cigne, elle était de vermeil ciselé avec des incrustations de turquoises ; les tresses de cheveux entremêlés de grappes de sequins ruisselaient sur les épaules, selon la mode générale du Levant. Les pieds de ces dames repliés sur un divan ignoraient l'usage du bas, ce qui, dans ce pays, est général et ajoute à la beauté un moyen de séduction bien éloigné de nos idées. Des femmes qui marchent à peine, qui se livrent plusieurs fois par jour à des ablutions parfumées, dont les chaussures ne compriment pas les doigts, arrivent, on le conçoit bien, à rendre leurs pieds aussi charmants que leurs mains. La teinture de henné qui en rougit les ongles et les anneaux des chevilles, riches comme des bracelets, complétent la grâce et le charme de cette portion de la femme, un peu trop sacrifiée chez nous à la gloire des cordonniers. »

Le lendemain, l'émir régala son ami d'une chasse à l'oiseau, un plaisir tout féodal, un sport de haut goût que Gérard, tendre pour les animaux comme un brahme de l'Inde, apprécia médiocrement. Il faut aller en Orient pour retrouver la fauconnerie si chère à Louis XIII. — Les faucons de l'émir étaient blancs et de cette race particulière à la Syrie, dont les yeux ont l'éclat de l'or. Ils eurent bientôt saisi un héron qui se leva d'un marécage.

Quelques jours après, notre voyageur, saisi d'un enthousiasme belliqueux, voulut se joindre à une expédition de l'émir sur le territoire des Druses. Mais les exploits de la bande se bornèrent à quelques coups de fusil échangés de loin, à des plantations arrachées, à des arbres coupés. — On voulait bien in-

cendier un peu, en manière de représailles,
mais la pensée qu'on pourrait apercevoir les
flammes à Beyrouth fit éteindre les torches,
au grand regret des Maronites; car le talion
est la peine de la montagne, œil pour œil,
dent pour dent.

Mais que devient pendant tout cela la pauvre Zeynab? Elle est toujours à la pension de
la bonne madame Carlès, où elle ne veut ni
coudre, ni broder, ni faire œuvre de ses dix
doigts, de peur de passer pour une servante,
pour un *odaleuk*. Elle refuse également d'apprendre à lire et de cultiver les arts d'agrément, ce qui la rangerait parmi les almées,
ou femmes de plaisir. Dans l'entêtement de
ses idées orientales, pour maintenir sa position de cadine, elle s'obstine au plus parfait
far niente. Sa conversion non plus ne fait pas
de grands progrès; et, bien que devant les
images de Jésus et de la Vierge, elle dise d'un
air respectueux *Aïssé* et *Myriam*, l'insurmon-
table aversion de l'islam pour les représentations de la figure humaine, la détourne du
christianisme. En changeant de religion elle

eût cru tomber dans l'idolâtrie, car il faut pour séparer l'idée du symbole une métaphysique plus avancée que celle de cette esclave ignorante dominée invinciblement par ses préjugés d'enfance. Le mariage entre Gérard et Zeynab, dénoûment d'une situation difficile, imaginé par madame Carlès, devenait donc impossible; il est vrai que notre voyageur n'y songeait nullement, et que la pensée de traîner à travers la vie parisienne une femme jeune, tatouée de soleils, et qu'on eût pu soupçonner de goûts anthropophages, ne s'était même pas présentée à son esprit. D'ailleurs la beauté de Zeynab avait besoin de l'Orient pour cadre; en la transplantant elle perdait tout son charme et devenait ridicule. La fantaisie que s'était permise un touriste enthousiaste, épris de couleur locale, ne devait en aucun cas survivre au voyage qui l'avait fait naître. La conscience de Gérard, quelque délicate qu'elle fût, ne lui ordonnait pas d'embarrasser à jamais sa vie d'une pauvre créature exotique qui se fût trouvée malheureuse dans notre froid climat, parmi des usages inconnus, la plupart inacceptables pour elle, et que sa nature inculte et illettrée n'aurait pas su comprendre. Et Gérard tout perplexe regardait d'un air attendri cette femme qu'il aimait un peu, après tout, et plus peut-être qu'il ne se l'avouait à lui-même. L'abandonner, il n'y fallait pas penser, et il lui répugnait de la revendre, expédient par trop oriental et barbare. Ce qui serait arrivé, nul ne peut le prévoir, et Gérard le savait moins que personne, si le hasard, « ce grand dénoueur de trames, » n'avait changé la face des choses, dans ce petit roman turc, par l'introduction d'un nouveau personnage.

Quand Gérard au retour de son expédition guerrière alla voir Zeynab, madame Carlès tenait sa classe à l'ombre d'un *tendido*, dans la cour de sa maison, ancienne résidence du consul de France, comme le témoignaient les fleurs de lis à moitié dédorées de l'écusson national blasonné sur les murs. Les petites filles accroupies en cercle autour du divan de la maîtresse répétaient toutes ensemble la leçon avec des mutations de tête à la mode turque. C'était comme un bourdonnement d'abeilles autour d'une ruche. Zeynab, oisive, était couchée à demi sur les carreaux, près de madame Carlès ; mais à l'autre extrémité du divan, il y avait une jeune fille qui, à l'entrée de Gérard, se voila instinctivement le visage de son livre, ne laissant deviner de sa beauté que des cheveux blonds aux longues tresses d'or, et des mains aristocratiquement délicates aux ongles roses et polis. Ce n'est pas une chrétienne, se dit Gérard, car les chrétiennes ne se masquent pas la figure à l'approche des hommes, surtout à l'intérieur des maisons.

Madame Carlès se leva et passa avec l'esclave et Gérard dans une pièce voisine, et notre voyageur s'informa de la religion de cette jeune fille, dont la tournure élégante et noble l'avait frappé : — Elle est Druse, répondit la maîtresse de pension, et son père, scheick de la montagne, est retenu prisonnier pour s'être hasardé à Beyrouth en temps de troubles, et n'avoir pas payé le miri depuis 1840 ; sa fille va le voir tous les jours et demeure chez moi ; je lui apprends l'italien, et elle montre aux petites l'arabe littéral, car c'est une savante. Salèma et Zeynab se sont liées, et elles s'aiment beaucoup : — *Ya makbouba*, c'est mon amie, dit l'esclave, en jetant ses bras au cou de Salèma, qui était sortie de la classe et consentait enfin à se laisser voir. Notre touriste put alors admirer des traits où la blancheur européenne s'alliait au dessin pur de ce type aquilin qui, en Asie comme chez nous, a quelque chose de royal. Un air de fierté, tempéré par la grâce, répandait sur son visage quelque chose d'intelligent, et son sérieux naturel donnait du prix au sourire qu'elle adressa au visiteur européen lorsqu'il l'eût saluée.

Laissons parler le poëte ému d'un sentiment nouveau que déjà sa fine analyse démêle au milieu de son trouble. « Appuyé contre la rampe de la galerie, l'air pensif et le front baissé, je profitais du temps que me donnait la faconde méridionale de l'excellente institutrice pour admirer le tableau charmant qui était devant mes yeux. L'esclave avait pris la main de la jeune fille et en faisait la comparaison avec la sienne : avec une gaîté imprévoyante, elle continuait cette pantomime en rapprochant ses tresses foncées des cheveux blonds de la voisine qui souriait d'un tel enfantillage. Il est clair qu'elle ne croyait pas se nuire par ce parallèle, et ne cherchait qu'une occasion de jouer et de rire avec l'entraînement naïf des Orientaux; pourtant, ce spectacle avait un charme dangereux pour moi, et je ne tardai pas à l'éprouver. »

« En lisant les pages de ce journal, tu souris, sans doute, continue Gérard, de mon enthousiasme subit pour une petite fille arabe rencontrée par hasard sur les bancs d'une classe. Tu ne crois pas aux passions subites, mais tu fais la part de la nouveauté et du cadre pittoresque; il te semble, non pas que je suis épris, mais que je crois l'être, comme si ce n'était pas la même chose en résultat ! »

En effet, nous l'avions doucement raillé quelquefois de ses passions soudaines à l'en-

droit de femmes aperçues de loin et dont il
évitait même de se rapprocher, pour ne pas
détruire son illusion, disait-il, — le reproche
lui tenait au cœur, et il ajoute ces lignes
auxquelles sa triste fin a donné depuis un
sens sinistre.

« J'ai entendu des gens graves plaisanter
sur l'amour que l'on conçoit pour des ac-
trices, pour des reines, pour des femmes
poëtes, pour tout ce qui, selon eux, agite l'i-
magination plus que le cœur; et pourtant,
avec de si folles amours, on aboutit au délire, à la mort, ou à des sacrifices inouïs de
temps, de fortune ou d'intelligence. Ah! je
crois être amoureux! Ah! je crois être malade, n'est-ce pas? mais si je crois l'être, je le
suis! »

Une chose que Gérard de Nerval ne dit
pas, car nulle âme ne fut plus discrète et
plus pudiquement mystérieuse, mais que devine l'ami qui connut, sans pouvoir les con-
soler, les tourments de ce pauvre cœur si
troublé, c'est que la vue de Salèma n'était
pas pour lui une révélation, mais bien un

souvenir. A travers cette jeune fille, ressuscité et rajeuni, apparaissait un ancien amour, dont il était allé chercher l'oubli en Orient. Ces cheveux blonds, cette blancheur lactée, ce type aquilin d'une fierté presque royale, ce sourire tendre et sérieux, il les avait déjà vus ailleurs; et devant cette beauté connue, son cœur à peine cicatrisé se rouvrait et versait des larmes rouges. — Le hasard ou la fatalité, pour nous servir d'une expression plus turque, le ramenait vers ce qu'il fuyait. Celle qu'il n'a jamais nommée de son vrai nom, il l'avait rencontrée, comme dit le poëte,

> Dans un lieu rayonnant qui rayonnait moins qu'elle,

transfigurée par ces mirages de la scène qui avaient tant de puissance sur notre rêveur plus amoureux de chimères que de réalités. Salèma se présentait à lui avec l'attrait romanesque et l'entourage de circonstances poétiques nécessaires pour éveiller une imagination qui ne demandait qu'à ouvrir les ailes, et c'était comme une sœur de l'ombre adorée. — Un amour nouveau était né dans ce cœur qui se croyait mort. — Tout heureux de cette rénovation intérieure, Gérard s'écrie:

« En quittant la maison de madame Carlès, j'ai emporté mon amour comme une proie dans la solitude. Oh! que j'étais heureux de me voir une idée, un but, une volonté, quelque chose à rêver, à tâcher d'atteindre! Ce pays, qui a ranimé toutes les forces et les inspirations de ma jeunesse, ne me devait pas moins sans doute; j'avais bien senti déjà qu'en mettant le pied sur cette terre maternelle, en me replongeant aux sources vénérées de notre histoire et de nos croyances, j'allais arrêter le cours de mes ans, que je me refesais enfant au berceau du monde, jeune encore au sein de cette jeunesse éternelle! »

Et plein d'un ravissement lyrique, notre voyageur sort de Beyrouth et se promène au bord de la mer, le long des jardins et des pentes couronnées de pins-parasols. — Cette fois, il n'agite plus, comme à son ordinaire, quelque obscur problème de théogonie ou de philosophie; il voit rayonner dans la flamme du couchant la femme idéale que chacun poursuit dans ses rêves et qu'il a trouvée ou retrouvée enfin.

Un incident bizarre et puéril vint calmer un peu cette effervescence. Tandis que notre voyageur, fier comme un triomphateur romain, foulait d'un pied superbe le sable rougeâtre de la route, un énorme insecte la traversait, poussant devant lui une boule plus grosse que lui-même. C'était une sorte d'escarbot, rappelant les scarabées égyptiens qui portent le monde au-dessus de leur tête. Gérard de Nerval était superstitieux et il saisissait dans les détails les plus futiles en apparence des sens mystérieux, des coïncidences providentielles, des causes occultes d'événements encore à naître. Il ne manqua pas de tirer un augure de cette intervention symbolique tracée en travers de son chemin. Une idée d'obstacle, de lutte, de destinée contrariée lui vint à l'esprit et il retourna sur ses pas, presque découragé. Mais l'espoir renaît vite au cœur des amoureux, et, dès le matin, pour se donner un prétexte à retourner chez madame Carlès, il acheta au bazar des ajustements de femme, une *mandille* de Brousse, quelques pics de soie ouvragée en torsade ou en feston pour garnir une robe, et des guirlandes de petites fleurs artificielles que les Levantines mêlent à leur coiffure.

Il était peut-être plus raisonnable de renouveler la robe un peu défraîchie de Zeynab que de lui apporter ces fanfreluches luxueuses qui appelaient le satin et le velours. Mais, à son insu, Gérard de Nerval cédait à ce besoin de se montrer magnifique devant l'objet aimé ; car l'esclave, quoiqu'elle dût profiter de ces cadeaux, n'en était que l'occasion. Toute joyeuse, elle courut les faire voir à son amie, qui sourit doucement, et le maître de Zeynab passa aux yeux de toute la classe pour un seigneur splendide et généreux. Des présents plus utiles lui eussent fait moins d'honneur. En Orient comme en France, dans les choses de toilette, le superflu, aux yeux des femmes, n'est-il pas le nécessaire ?

Notre voyageur craignit un instant d'avoir marqué par ces galanteries plus d'amour pour l'esclave qu'il n'en éprouvait réellement, et de s'être fait tort auprès de Salèma. Mais dans le Levant, où la polygamie n'est pas un cas pendable, la jalousie féminine ne s'éveille pas si facilement. Habituées à se partager les caresses d'un époux, les femmes admettent des goûts multiples, et l'amour comme chez nous ne se présente pas à leur idée avec la condition d'être unique. La fille du cheick ne témoigna donc aucun déplaisir.

Pour renforcer de quelques fils le lien bien frêle qui le rattachait à Salèma et que les scrupules bien légitimes de madame Carlès pouvaient rompre un jour ou l'autre, Gérard de Nerval promit d'employer son influence pour l'élargissement du cheick, et il se souvint fort à propos qu'il possédait une lettre de recommandation à l'adresse du pacha de Saint-Jean d'Acre, qu'il avait du reste connu à Paris.

Le cheick Séid Eschérazy, père de l'akkalé Siti Salèma, passait pour un personnage dangereux. Ses prédications fanatiques avaient causé des troubles dans la montagne, et

18.

c'était le vrai motif de sa détention plutôt que le refus de l'impôt, délit commun à presque tous les chefs druses. Gérard l'alla visiter dans sa prison, qui n'était pas un cachot à voûte surbaissée, mais une suite de chambres blanchies au lait de chaux et semblables aux habitations ordinaires du pays, — à cette différence près que des soldats en gardaient la porte. Le cheick prenait sa captivité en patience, et il reçut Gérard avec cette gravité polie des Orientaux qui ne s'étonnent ni ne s'offensent de la curiosité européenne. Il ne se doutait certes guère que ce visiteur fût un aspirant à la main de sa fille. Le chef druse parlait assez aisément l'italien pour soutenir une conversation en cette langue.

Quand le serviteur eut apporté le café et une pipe pour l'étranger, car Séid Eschérazy, en sa qualité d'homme austère, ne fumait pas, et que Gérard, installé sur le divan, put considérer le cheick avec attention, il ne put se défendre d'un certain embarras. Le père de Salèma ne paraissait guère plus âgé que l'amoureux de sa fille ; ses traits nobles et mâles traduisaient dans un autre sexe les traits adorés, et le timbre pénétrant de sa voix rappelait l'accent qui avait fait vibrer le cœur de Gérard. Heureusement le cheick était habitué aux visites d'Anglais et s'attendait aux questions sur son pays, sa race et sa croyance ; il avait des réponses toutes prêtes pour un dialogue prévu, et son aisance eut bientôt tranquillisé notre touriste.

La conversation s'établit bientôt sur les Druses et leur religion. Le cheick s'étonnait de voir un nazaréen si bien instruit des mystères de cette secte qui ne cherche pas à faire des prosélytes, puisque, selon sa doctrine, les croyants existent de toute éternité ; mais les guerres et les pillages ont fait tomber entre des mains profanes les livres et le catéchisme de cette nation.

« La religion des Druses a cela de particulier, qu'elle prétend être la dernière révélée au monde. En effet, son messie apparut vers l'an 1,000, près de quatre cents ans après Mahomet. Comme le nôtre, il s'incarna dans le corps d'un homme, mais il ne choisit pas mal son enveloppe, et pouvait bien mener l'existence d'un dieu même sur la terre, puisqu'il n'était rien moins que le commandeur des croyants, le calife d'Égypte et de Syrie, près duquel tous les autres princes de la terre faisaient une bien pauvre figure en ce glorieux an 1000. A l'époque de sa naissance toutes les planètes se trouvaient réunies dans le signe du Cancer, et l'étincelant *Pharaois* (Saturne) présidait à l'heure où il entra dans le monde. En outre, la nature lui avait tout donné pour soutenir un tel rôle : il avait la face d'un lion, la voix vibrante et pareille au tonnerre, et l'on ne pouvait supporter l'éclat de son œil d'un bleu sombre. »

Cependant, malgré tous ces avantages, Hakem ne trouva pas dans sa vie beaucoup de prosélytes, et le puissant calife obtint moins de pouvoir sur les âmes que le Fils du charpentier, et à Médine le chamelier Mahomet. Il ne négligeait pourtant aucun moyen de propagande. Dans les églises, les synagogues et les mosquées, d'où il avait chassé les prêtres, des docteurs à ses gages prêchaient sa divinité, qui ne rencontrait que des incrédules. L'avenir, seulement, lui gardait un peuple de croyants fidèles, qui, si peu nombreux qu'il soit, se regarde, ainsi qu'autrefois le peuple hébreu, comme dépositaire de la vraie loi, de la règle éternelle, des arcanes de l'avenir.

Les Druses ne reconnaissent qu'un seul dieu qui est Hakem. Seulement ce dieu, comme le Bouddha des Indiens, s'est manifesté au monde sous plusieurs formes différentes, et s'est incarné dix fois en différents lieux de la terre, dans l'Inde d'abord, en Perse plus tard, dans l'Yemen, à Tunis et ailleurs encore : c'est ce qu'on appelle les stations. Le nom de Hakem au ciel est *Albar*, il doit se manifester encore une fois pour faire triompher définitivement sa doctrine sur toute la terre, et lady Ester Stanhope, qui, pendant son long séjour au Liban, s'était infatuée des idées des Druses, attendait la venue du *Madhi* (c'est le nom que le dieu Hakem portera dans cette suprême incarnation), et lui tenait dans sa cour un cheval tout préparé. Ce cheval prédestiné a sur le dos une sorte de selle naturelle, formée par les plis de la peau et les épis du poil.

Après Hakem viennent cinq ministres, émanations directes de la divinité, dont les noms d'ange sont Gabriel, Michel, Israfil, Azariel et Métatron : on les appelle symboliquement l'Intelligence, l'Ame, la Parole, le Précédent et le Suivant. Trois autres ministres d'un degré inférieur s'appellent, au figuré, l'Application, l'Ouverture, le Fantôme. Ils ont en outre des noms d'homme qui s'appliquent à leurs incarnations diverses, car eux aussi interviennent de temps en temps dans le grand drame de la vie humaine.

Ainsi, dans le catéchisme druse, le principal ministre, nommé Hamza, qui est le même que Gabriel, est regardé comme ayant paru sept fois. Il se nommait Schatnil à l'époque d'Adam, plus tard Pythagore, David, Schoaïb ; du temps de Jésus, il était le vrai Messie et se nommait Éléazar. Du temps de Mahomet, on l'appelait Salman el Faresi, et enfin, sous le nom d'Hamza, il fut le prophète de Hakem, calife et dieu, et fondateur réel de la religion druse.

Lorsque Gérard eut suffisamment édifié le cheick par sa science et son orthodoxie, il se retira tout joyeux d'avoir noué connaissance avec le père de Salèma. Il renouvela ses visites, et Séid Eschérazy, mis en confiance, lui raconta la merveilleuse légende du calife Hakem avec tous les embellissements des narrateurs orientaux, dont la poétique est prise des *Mille et une Nuits*. — La captivité de Hakem, emprisonné parmi les fous de l'hôpital de Morissan, produit une impression douloureuse ; car au récit du cheick l'écrivain semble mêler des souvenirs malheureusement personnels.

Écouter des histoires était bien, mais il fallait agir et montrer l'efficacité du crédit dont on s'était vanté peut-être un peu à la légère. La tempête qui soufflait depuis quelques jours sur Beyrouth s'apaisait, et Gérard n'avait plus de raison de différer sa démarche auprès du pacha de Saint-Jean d'Acre, son ami.

Un paquebot anglais, qui n'était pas même un *vapeur*, faisait seul, alors, le service des échelles de Syrie ; il descendait et remontait à époques déterminées ces échelons de cités illustres qui s'appelaient Béryte, Sidon, Tyr, Ptolémaïs, Césarée, et qui n'ont conservé ni leurs noms, ni même leurs ruines. — Gérard s'y embarqua.

Vous pensez bien que les distinctions de la première et de la seconde classe étaient maintenues, à bord de ce sabot britannique, aussi rigoureusement que sur le plus splendide steam-boat, au grand étonnement des Orientaux, qui ne conçoivent pas que, pour quelques piastres de plus ou de moins, des marchands et des giaours occupent les places d'honneur, tandis que les cheicks, des schérifs et même des émirs se trouvent confondus avec les soldats et les valets.

Dans ces parages, la chose se complique d'un *sérail,* espèce de parc entouré de toiles et réservé aux femmes musulmanes qui, à cause de la chaleur, s'établissent généralement ment sur le pont. Les Turcs, leurs maris,

leur rendent avec une bonhomie parfaite
tous les petits soins qu'exige la circonstance;
ils vont leur chercher de l'eau pour leurs
ablutions; ils les soutiennent dans les défail-
lances et les nausées du mal de mer, et font
tout ce qu'il faut pour les préserver du contact des infidèles qui rôdent, espérant attra-
per à la dérobade quelques profils de ces
beautés mystérieuses lorsque, se croyant hors
de vue, elles abaissent un moment leur yachmack.

A l'heure du déjeuner, l'on passa devant
un point de la côte qu'on suppose être le lieu
même où Jonas s'élança du ventre de la ba-
leine. Une petite mosquée indique la piété
des musulmans pour cette tradition biblique.

Dans sa curiosité de voyageur, Gérard de
Nerval avait franchi la ligne de démarcation
qui sépare les premières des secondes; une
conversation s'était engagée entre lui et un
Marseillais, et par ce contact, malgré son
habit noir, ses bottes vernies et ses gants
blancs, il avait perdu tout droit à la consi-
dération des gens comme il faut, des gentle-

men. Il était devenu *improper* et chacun lui tournait brusquement le dos.

Ayant franchi le Rubicon social, il ne courait plus aucun risque à se lancer en pleine couleur locale; il accepta une tranche de saucisson d'Arles que lui offrait le Marseillais, et but une gorgée de vin de Lamalgue dans la tasse de vermeil d'un vieux pope, accompagné de sa femme, non moins âgée que lui, et d'un corbeau centenaire, commensal familier du pauvre ménage, qui sautillait en poussant des cris. — Un corbeau familier croassait et battait des ailes aussi rue de la Vieille-Lanterne, sur le palier de la rampe fangeuse, maculée de neige, près des hideux barreaux, et peut-être à son heure suprême le pauvre Gérard de Nerval, par un de ces sauts de pensée si fréquents aux moments solennels, se souvint-il du corbeau rencontré sur le pont du navire. L'escarbot roulant sa boule, le corbeau poussa des cris, n'étaient-ce pas des présages funèbres?

On eut bientôt dépassé Sayda (Sidon) et Sour (Tyr), et le soir l'on arriva à Saint-Jean d'Acre. De grand matin, Gérard se mit à la recherche de son pacha. On le désignait familièrement sous le sobriquet de Guezluk (l'homme aux lunettes), d'après l'habitude orientale de distinguer les gens par quelque particularité caractéristique de conformation, de costume ou d'habitude.

C'était jour d'audience, et le pacha reçut Gérard d'une manière froide, vague, presque hautaine ; mais ce n'était qu'une pose de dignité faite pour ne pas choquer les Orientaux présents, car il retint notre voyageur à dîner, et alors il lui témoigna beaucoup d'aménité et de bienveillance ; le matin il avait été *pacha*, le soir il était *civilisé*. Tout haut fonctionnaire turc ressemble à ce personnage de ballet qui est moitié paysan et moitié seigneur. Il montre le côté gentleman à l'Europe. Il est toujours un pur Osmanli pour l'Asie.. Les préjugés des populations font d'ailleurs une nécessité de cette politique.

Le pacha avait étudié à l'école de Metz, dont Gérard connaissait plusieurs élèves, et la conversation, mêlée de souvenirs communs, prit ce caractère d'intimité qui permet les confidences. Notre amoureux exposa sa situation à l'homme aux lunettes. Il lui dit l'embarras que lui causait Zeynab, et le projet qu'il avait formé d'épouser la fille du cheick dont il sollicitait la grâce.

« Je ne peux pas grand'chose, dit le pacha ; si Zeynab vous gêne, vendez-la-moi pour un cheval, pour une arme de prix, pour un objet quelconque, nous n'avons pas là-dessus les mêmes préjugés que vous. Quant au cheick, j'écrirai au gouverneur de Beyrouth, à Essad-Pacha. Le pachalick d'Acre n'est plus ce qu'il était jadis. »

Le pouvoir de Guezluk était plus efficace qu'il ne voulait bien le dire ; car, en retournant à Beyrouth, Gérard, reçu à merveille par le kaïmakan, apprit que Séid-Eschérazy avait déjà été transféré à Déir-el-Kamar, résidence actuelle de ce personnage, héritier pour une part de l'ancienne autorité de l'émir Béchir.

Gérard, ayant obtenu la permission de visiter le cheick, prit un logement à Déir-el-

Kamar, d'où l'on apercevait Béir-Eddin, l'antique résidence des émirs de la montagne, assignée pour demeure à Séid-Eschérazy. Ce palais est bien le symbole de la politique des émirs qui l'habitaient. Il est païen par ses colonnes et ses peintures, chrétien par ses cours et ses ogives, musulman par ses dômes et ses kiosques. Il contient le temple, l'église et la mosquée, enchevêtrés dans ses constructions, à la fois palais, donjon et sérail; il ne lui reste aujourd'hui qu'une portion habitée, la prison. Saléma avait accompagné son père logé au château, et c'était l'aimant qui attirait Gérard. Mais cette situation ne pouvait se prolonger. Il fallait s'expliquer. Aux premières ouvertures, le cheick se posa le doigt sur le front et dit : *Enté medjnoun* (es-tu fou)?

Gérard répondit modestement que Medjnoun était le nom d'un amoureux célèbre, et qu'il ne repoussait pas cette qualification

— Aurais-tu vu ma fille? s'écria le cheick avec une expression de physionomie si farouche que toutes sortes d'aventures tragiques revinrent involontairement à la mémoire du pauvre amoureux. Gérard lui expliqua de son mieux ses visites chez madame Carlès, bien justifiées par le séjour qu'y faisait son esclave, l'amitié que cette dernière avait pour la fille du cheick, et le hasard de la rencontre, en glissant sur la question de l'écartement du voile. — D'ailleurs, ajouta-t-il, en aucun pays du monde ce n'est une offense que de demander en mariage une fille à son père; ma position est égale à la tienne, et je ne vois pas la raison de ta surprise. — Certes, je ne changerais pas de religion pour les plus heureux mariages de la terre; mais il est une région élevée où toutes les croyances peuvent s'entendre dans l'idée pure de la Divinité.

Sans lui laisser poursuivre cette théologie transcendante et peu orthodoxe, Séid-Eschérazy s'écria : « Eh! malheureux, la plume est brisée, l'encre est séchée, le livre est fermé! » ce qui est la formule d'excommunication druse contre les infidèles. Gérard ne se tint pas pour battu, et il répondit au cheick : « Lorsque les days (apôtres) ont semé la parole dans le monde, vers l'an 1000 de l'ère chrétienne, ils ont fait des prosélytes ailleurs que dans ces montagnes. Qui te prouve que je ne descends pas de ceux-là ? Veux-tu que je te dise où croît la plante ali-ledji ? Elle ne croît que dans les cœurs des fidèles unitaires pour qui Haken est le vrai Dieu.

— C'est bien la phrase sacramentelle ; mais si tu es l'un des Druses des autres îles, tu dois avoir ta pierre noire. Montre-nous-la, nous te reconnaîtrons.

— Je te la montrerai plus tard, répondit Gérard fort embarrassé, car non-seulement il ne possédait pas de pierre noire, mais il ignorait même en quoi consistait ce mysté-rieux symbole de reconnaissance. Son ami le kamaïkan ne fit aucune difficulté de le lui apprendre. La pierre noire représente un veau taillé en amulette et portée sur la poi-trine par les Druses, ce qui les a fait passer pour idolâtres, accusation absurde.

Par une accumulation bizarre de circonstances, Gérard parvint à découvrir que les Druses étaient les francs-maçons d'Orient. — Dès lors tout fut sauvé; il produisit un de ces beaux diplômes maçonniques pleins de signes cabalistiques familiers aux Orientaux, car il était lui-même un des *enfants de la veuve*, un *louveteau* (fils de maître); il avait été élevé dans l'horreur du meurtre d'Adoniram et dans l'admiration du saint temple dont les colonnes ont été des cèdres du mont Liban. — Les Druses cessent de le regarder comme un infidèle; il est un *muta-darassin;* ensuite il deviendra *réfik* et passera *day.* On ne lui demande plus sa pierre noire, qu'il soupçonne devoir être le baphomet ou petite idole secrète des templiers. Le cheick l'accueille favorablement. Salèma et Zeynab vivent ensemble, et l'époque du mariage est fixée au jour où le Français obtiendra le grade de réfik.

Les détails manquent sur les amours de Gérard et de Salèma. — Ses entrevues avec sa fiancée furent très-rares, et il explique ainsi cette discrétion de rapports : « En

Orient, les femmes vivent ensemble et les hommes ensemble, à moins de cas particu_liers ; seulement cette aimable personne m'a donné une tulipe rouge, et a planté dans le jardin un petit acacia qui croît avec nos amours. C'est un usage du pays. »

La tulipe rouge et l'acacia, ces gracieux symboles, ne parvinrent pas à vaincre le pronostic fatal de l'escarbot roulant sa boule et du corbeau croassant près du vieux couple. Il était écrit là-haut que Gérard ne se marierait ni en Orient ni en Occident. — Il fut pris d'une de ces fièvres du Hauran, causées par les exhalaisons des eaux sans issue au fond des gorges de la montagne, qui ne pardonnent guère à l'Européen, et dont le seul remède est une prompte fuite, un brusque changement d'air. — Le fiancé de Salèma, le maître de Zeynab, frissonnant sous ce chaud soleil de Syrie, dut interrompre ses études sur la religion druse, ses poétiques entrevues avec la fille du cheick, et prendre en toute hâte le paquebot de Constantinople.

Bientôt rétabli sous le climat de Stamboul, qui ressemble à celui de nos villes du Midi, Gérard se trouva fort perplexe, et il expose ainsi ses irrésolutions : « Que résoudre? Si je retourne en Syrie plus tard, je verrai renaître cette fièvre que j'ai eu le malheur de prendre — c'est l'opinion des médecins. — Quant à faire venir ici la femme que j'avais choisie, ne serait-ce pas l'exposer elle-même à ces terribles maladies qui emportent dans les pays du Nord les trois quarts des femmes d'Orient qu'on y transplante? Après avoir réfléchi sur tout cela avec la sérénité d'esprit que donne la convalescence, je me suis décidé à écrire au cheick pour dégager ma parole et lui rendre la sienne. »

Ainsi finit ce petit roman oriental. Gérard regretta-t-il beaucoup Salèma? nous en doutons. Sans se l'avouer à lui-même, il pensait comme Chamfort « qu'il n'y a en amour que des commencements. » — Il se plaisait à disposer sa vie comme un drame; il provoquait les aventures, arrangeait les situations, se passionnait pour l'héroïne, déployait beau-

coup de ressources et d'éloquence, et au dénoûment il s'esquivait, soit timidité, soit las-
situde ou vague crainte de voir son désir
accompli. Sans posséder l'objet aimé, il avait
obtenu ce qu'il cherchait, l'émotion, l'enthousiasme, le déplacement du but de l'existence, et surtout un motif de rêverie amou-
reuse.

C'était une nature ailée, voltigeante, que
l'ombre d'un lien effrayait, et qui papillon-
nait au-dessus de la réalité dans un rayon
de soleil ou de clair de lune, au gré de la
fantaisie, sans se poser nulle part. — Le mariage même le plus heureux eût été pour
Gérard un horrible supplice. — Son esprit
de plus en plus détaché de la vie pratique et
perdu dans l'infini du rêve ne pouvait plus
s'astreindre à des rapports humains. La solli-
citude même de l'amitié lui pesait. Il fallait
l'accepter quand il venait, mais ne pas lui
demander de commerce suivi; comme l'hirondelle, il entrait lorsqu'il voyait la fenêtre
ouverte, et faisait deux ou trois fois le tour
de la chambre avec de petits cris joyeux;

mais c'eût été effaroucher son indépendance que de fermer la croisée.

Pauvre Gérard! en lisant ce livre adorable plein d'amour, d'azur et de lumière, qui se douterait de la mort lamentable du poëte? mais, comme dit Henri Heine : « Ne te hâte pas trop de le plaindre, car qui sait la fin que le sort te réserve? »

Revue Nationale, 25 décembre 1860.

EN CHINE

SOUVENIRS DE L'EXPOSITION UNIVERSELLE
DE LONDRES

Pour aller en Chine, l'on s'embarque à
Hereford Suspension-Bridge, à deux pas de
Trafalgar-place, sur un de ces légers pyroscaphes, omnibus aquatiques qui descendent
et remontent perpétuellement la Tamise, à
moins qu'on ne préfère prendre ce singulier
chemin de fer de Blackwall qui passe sur le
toit des maisons et vous fait plonger rapidement dans une foule d'intérieurs, et l'on arrive au dock de Sainte-Catherine, au-dessous
de la Tour de Londres, en moins de temps
qu'il n'en faudrait à Paris pour une petite
course en fiacre.

A travers la forêt de mâts et d'esparres,

vous voyez flotter une bannière bizarre au-dessus d'une enceinte de planches.

Cette enceinte de planches est la muraille de la Chine. Un pas de plus, et vous êtes dans l'empire du Milieu, vous barbare, vous sauvage d'Occident, sans qu'un mandarin vous oppose de fin de non-recevoir, ou qu'un tigre de guerre rayé d'orange et de noir essaye de vous faire reculer en vous présentant un bouclier portant à son centre, comme une Méduse, une tête de monstre fantastique.

La Chine était trop loin, on vous l'a apportée. La Chine s'est conduite avec vous comme le prophète avec la montagne : voyant que vous n'iriez pas vers elle, miracle tout aussi grand, elle est venue vers vous; vous êtes tout à la fois dans le dock de Sainte-Catherine et dans le port de Canton ou de Macao.

En effet, ce n'est pas une illusion, vous venez de faire un pas de trois mille lieues, un pas à user et à désespérer les bottes du petit Poucet.

Une jonque est amarrée à ce quai en granit de Portland, et vous voyez la réalité de

rêves que vous avez faits à la vapeur du thé,
en regardant les tasses bleues, les coffres de
laque incrustés de nacre, les potiches, les
paravents, les éventails et les albums sur
moelle de roseau, où ce peuple singulier
trace des portraits que l'Européen sceptique
s'obstine à prendre pour des chimères.

Cette jonque, ne l'avons-nous pas vue déjà,
esquissée en traits d'azur sur le fond d'une
assiette ou la panse d'un vase, voguer vers un
pays impossible et vrai cependant, au milieu
d'une eau rayée d'or où plongent les cormo-
rans pêcheurs? La porcelaine et les papiers
de tenture n'ont pas menti.

C'est une sensation étrange de voir flotter
à travers les agrès noirs et blancs des navires
européens, sous le ciel de Londres bar-
bouillé de brouillard et de suie, ces étendards éclatants historiés de dragons, et qui
se sont déroulés aux brises des Antipodes;
l'imagination a de la peine à s'y accoutumer.

La jonque a une forme qui rappelle celle
des galères du seizième et du dix-septième
siècle, dessinées par Della Bella dans ses

eaux-fortes ; la poupe et la proue, extrêmement relevées, ressemblent aux gaillards
d'avant et d'arrière des anciens vaisseaux,
à ces châteaux à plusieurs étages que sous
Louis XIV encore Puget décorait de cariati-
des gigantesques.

Ce mode de construction, qui offre plus
de prise au vent, est sans doute moins ra-
tionnel que la forme rectiligne adoptée par
les navigateurs modernes, mais il est plus
gracieux. Cette courbe plaît à l'œil ; elle s'har-
monise d'ailleurs très-bien avec les formes
typiques du pays : toits retroussés, souliers
relevés en pointe.

Des boucliers peints de couleurs vives et
faits de roseaux nattés, appendus le long du
bordage, donnent à cette jonque un faux air
de trirème antique ; mais derrière leurs disques on ne voit pas se dresser la pointe d'airain de la lance d'un guerrier d'Homère. A
quoi servent ces boucliers ? Sont-ils là comme
défense ou comme ornement ? Ils forment
une espèce de bastingage qui pourrait au
besoin arrêter la flèche d'un pirate malais.

En tout cas, ces boucliers ont beaucoup de caractère.

Nous voici sur le pont. Les mâts sont au nombre de trois, et garnis de voiles composées de lames de bois agrafées à peu près comme celles des jalousies, et qu'on relève lorsqu'on veut prendre un riz ; les cordes et les agrès, extrêmement solides, sont en bambou. L'ancre et le gouvernail, qu'un mécanisme spécial fait plonger très-profondément, sont en bois de fer.

Sur le pont, une charmante pagode de trois ou quatre pieds de hauteur, et très-mignonnement travaillée, forme l'habitacle de la boussole, que les Chinois ont connue bien des siècles avant nous.

La cabine du cook est significativement peinte de tableaux représentant des scènes culinaires et une foule de marmitons drôlatiques occupés à la confection des mets.

L'intérieur de la jonque n'est pas divisé en ponts comme nos vaisseaux, mais en compartiments qui ne communiquent pas entre eux et sont séparés par des cloisons solides.

20.

On y descend par des écoutilles, et ils appartiennent à des maîtres différents qui y serrent leurs marchandises et leurs vivres.

A la poupe, qui porte sur son couronnement un gigantesque oiseau chimérique de la forme et de la couleur la plus extravagante, se trouve, dans un cabinet de laque, la chapelle de Bouddha ou de Fo, où trois magots dorés représentent la trinité chinoise. Des papiers de couleur et des allumettes aromatiques brûlaient devant les petites idoles au sourire narquois, et témoignaient de la part de l'équipage une piété non attiédie par le contact incrédule des barbares. Quant aux dieux, leur sourcil circonflexe, leur sourire équivoque et leur gros ventre leur donnaient un air sarcastique et peu révérencieux pour leurs adorateurs. La foi ne manquait pas au dévot, mais la conviction semblait manquer au fétiche. Peut-être les religions finiront-elles par l'incrédulité des dieux.

Nous étions en train d'examiner ce sanctuaire portatif, miniature des idoles colossales que nous avions vues autrefois à la collection d'Hyde-Park's-Corner, lorsqu'un tintamarre des plus singuliers vint nous faire tressaillir.

Les vibrations prolongées d'un gong, mêlées aux sons stridents d'une espèce de flûte et aux roulements précipités d'un tambour, causaient ce tapage, qui n'était autre chose qu'un concert. De temps en temps une voix jeune, nasillarde et plaintive chantait avec ce gloussement oriental, si bizarre pour nous, des syllabes aux intonations inconnues, mais que leur rhythme sensible annonçait être des vers.

Nous quittâmes aussitôt l'auvent recouvert en écailles d'huîtres transparentes, d'où nous regardions la chapelle de Bouddha, et nous descendîmes à l'étage inférieur de la cabine, transformé en chambre de musique, par un escalier à rampe de bambou, et nous nous trouvâmes en face des instruments et des exécutants, aussi curieux pour nous les uns que les autres.

Certes, un objet qui vient d'un pays aussi hermétiquement fermé que la Chine, costume, vase, bronze, offre toujours un vif intérêt; car un peuple, quelque mystérieux qu'il soit, trahit toujours son secret dans son travail ou dans son art : mais qu'est-ce que cela, lorsqu'on voit l'indigène lui-même, un être humain d'une race séparée depuis des milliers d'années du reste de la création, race à la fois enfantine et décrépite, civilisée quand tout le monde était barbare, barbare quand tout le monde est civilisé ; stationnaire au milieu des siècles qui s'écoulent et des empires qui disparaissent ; aussi nombreuse à elle seule que toutes les nations qui peuplent le globe, et pourtant ignorée comme si elle n'existait pas ?

Rien ne nous intéresse comme de voir un individu authentique d'une race humaine que l'on rencontre rarement en Europe. Sous cette peau bronzée, cet angle facial d'une ouverture différente, ce crâne bossué de protubérances qui ne sont pas les nôtres, nous cherchons à deviner en quoi l'âme de ce frère inconnu, adorant d'autres dieux, exprimant d'autres idées avec une autre langue, ayant des croyances et des préjugés spéciaux, peut ressembler à notre âme ; nous cherchons avidement à deviner, au fond de ces yeux où le soleil d'un hémisphère opposé a laissé sa lumière, la pensée dans laquelle nous pourrions communier et sympathiser.

Ils étaient là quatre, tous jeunes gens, avec des teints fauves, des tempes rasées, colorées de nuances bleuâtres, des yeux retroussés légèrement aux angles externes, un regard oblique et doux, une physionomie intelligente et fine, à laquelle l'énorme natte de cheveux formant la queue sacramentelle, roulée sous un bonnet noir, donnait un cachet féminin : d'après nos idées de beauté, qui se rapportent malgré nous au type grec, ces virtuoses chinois étaient laids, mais d'une laideur pour ainsi dire jolie, gracieuse et spirituelle.

A certains passages d'un rhythme plus précipité ou d'un mouvement plus lyrique, leurs figures s'animaient, leurs yeux s'ouvraient comme des fleurs noires, leurs bouches souriaient, laissant voir leurs dents jaune d'or ; celui qui tenait les baguettes des timbales s'agitait avec frénésie, le percuteur du gong frappait à coups redoublés sur son disque de métal, le chanteur prenait une voix de fausset aiguë et chevrotante, et semblait tirer de ses sourcils des notes impossibles à la voix humaine.

Tous paraissaient en proie à un véritable enthousiasme, soit que le morceau exécuté fût d'un grand maître et contînt des beautés inappréciables pour nous, soit que les vers récités appartinssent à un poëte célèbre, ou que tout simplement ces airs nationaux rappelassent la patrie à ces pauvres diables exploités par la curiosité anglaise, et fissent sur eux l'effet du Ranz des vaches sur les soldats suisses.

Le vêtement de ces virtuoses consistait en une espèce de casaque de soie tombant jusqu'aux genoux, de couleur bleu foncé, se rattachant au haut de la poitrine par un bouton unique; de larges pantalons blancs et des souliers à semelles très-épaisses complétaient ce costume, qui n'est pas sans élégance et doit être très-commode : il nous semble qu'il remplacerait avantageusement dans l'intérieur des maisons européennes la robe de chambre gênante et prétentieuse.

L'absence de collet à ce paletot chinois, et de cheveux à la nuque de ceux qui le portaient, nous permit de renouveler une remarque que nous avions déjà faite à propos des jeunes Algériens : c'est la rectitude et même le renflement de la ligne qui unit la tête aux épaules ; le cou à sa partie postérieure, chez les races orientales, au lieu de décrire une légère courbure en dedans, offre une ligne droite ou presque convexe.

Les mains de ces musiciens étaient fort petites ; leurs pieds aussi se faisaient remarquer par leur exiguïté.

Deux ou trois matelots chinois, auditeurs bénévoles de ce concert sans cesse renouvelé, se tenaient appliqués sur les parois de la cabine comme des découpures de paravent, avec des poses procédant d'un autre ordre d'idées et de mouvements que les nôtres ; car, bien que les éléments des attitudes soient les mêmes chez tous les hommes, les gestes s'arrangent différemment dans chaque nation. Par exemple, le tambour tenait ses baguettes la paume de la main en dedans, ce qui est le contraire de notre habitude, et tout à l'heure nous verrons ce mouvement répété par le scribe et le peintre, car il se relie à toute une série de procédés, à la perpendicularité de l'écriture, d'abord, et ensuite au besoin de tracer des lignes nettes et légères, principal mérite de la peinture chinoise.

Quelques-uns de ces mouvements sont gauches comme ceux des enfants qui s'essayent à quelque travail qu'ils ne savent point faire ; d'autres sont gracieux comme ceux des animaux en liberté. Les uns appartiennent à la domestication, les autres à la nature, qui n'est point encore effacée.

Autour de cette cabine, dans des armoires vitrées, étaient rangées une foule de curiosités, petits souliers de mandarine où Cendrillon et Rhodope n'eussent pu fourrer que le bout de leur orteil ; coffrets découpés à jour, espèce de filigrane d'ivoire à décourager la patience des fées ; potiches de porcelaine rare ; racines de mandragore bizarrement contournées, et mille autres menus objets de ce pays fantasque, qu'il est difficile de se figurer autrement que comme un immense magasin de bric-à-brac, comme un quai Voltaire de plusieurs centaines de licues de long.

Des chinoiseries? on en voit partout. L'Angleterre et la Hollande en ont tellement inondé l'Europe depuis deux ou trois siècles, que Pékin s'approvisionne à Paris et à Londres. Mais ce qui est plus rare, c'est une aimable collection de cercueils, entassés là sans doute pour la consommation de l'équipage, en cas de nostalgie ou de choléra.

Les cercueils chinois sont les plus jolis du monde. Ils n'ont pas cette affreuse physionomie de sapin et ces funèbres couleurs qu'ils revêtent chez nous. D'une seule pièce et creusés dans le tronc d'un gros arbre, ils sont peints à l'extérieur d'un beau vermillon et munis d'oreilles de bois pour les soulever.

Ces musiciens faisant leur vacarme demi-joyeux, demi-mélancolique, à côté de ces cercueils, boîtes à violon un peu exagérées, qui semblaient entre-bâillées pour eux, nous jetaient malgré nous en des rêveries philo-

sophiques. Le concert fini, on remet l'instrument dans sa boîte; la vie achevée, on serre
l'homme dans son cercueil, et tout est dit.
La seule différence, c'est qu'on ne peut tirer
l'homme de son étui comme l'instrument.
Mais pourquoi les violons ont-ils des boîtes
qui ressemblent à des bières? Est-ce parce
qu'ils ont une âme, une voix, et gémissent
comme nous?

Ce contraste, qui n'aurait rien eu d'agréable pour des musiciens d'Europe, semblait,
au contraire, égayer les musiciens chinois.
Les habitants du Céleste-Empire, comme les
anciens Égyptiens, ont une préoccupation
perpétuelle des funérailles, qui ne les empêche pas d'être gais, libertins, gourmands,
ivrognes et vicieux. L'idée d'être enterrés
avec luxe flatte les meilleurs vivants; les plus
prodigues mettent de côté pour avoir une
sépulture confortable; et ces cercueils avaient
été placés pour entretenir les virtuoses en
belle humeur et animer leur verve par l'idée
d'être couchés, s'ils mouraient, dans ces
belles bières rouges en bois de teck.

Le concert fini, nous remontâmes à la
cabine supérieure, où se tiennent le peintre,
l'écrivain, chacun dans une petite niche bariolée d'enluminures et d'inscriptions en vers,
de chaque côté de la chapelle de Bouddha.

En notre qualité de poëte, nous nous ren-
dîmes d'abord chez le lettré. C'était un
homme d'un certain âge, au teint basané,
plissé de mille petites rides, ayant quelque
chose de la vieille femme et du prêtre, en-
fantin et sénile à la fois, grave et grotesque,
poli, obséquieux et réservé en même temps,
avec un sourire de danseur à la fin de sa pi-
rouette, et un regard morne et fin comme
pourrait le souhaiter un diplomate. Il tenait
entre ses doigts, maigres, décharnés et jaunes
comme la main d'une momie, dans une pose
impossible pour nous, un pinceau dont il
traçait des caractères sur un carré de papier
avec une rapidité qui nous rappelait ces vers
chinois d'Iu-Kiao-Li : « Le dragon noir voltige et marque en encre ses pas sur le papier
treillissé de fleurs. »

Ce que cet honnête lettré écrivait ainsi,

c'était tout bonnement la transcription en chinois de notre nom gréco-gaulois, qu'on lui avait donné, et si nous ne signons pas aujour-d'hui cet article par un fantastique gribouil-lage, lisible seulement pour M. Julien, de Paris, c'est pure bienveillance de notre part.

Il nous remit ensuite sa carte, avec la trans-cription de son nom en caractères européens, politesse que nous reconnûmes par une petite pièce de monnaie. Ce digne magot vivant s'appelle Keyng. En prenant le papier de couleur semé de quelques paillettes de mica qu'il nous tendait, nous rencontrâmes sa main ridée, qui nous fit l'effet d'une patte d'oiseau ; les griffes y étaient figurées par des ongles de trois pouces de long, transparents comme des feuilles de talc, et qu'il nous fit admirer avec une certaine satisfaction de coquetterie. Ces grands ongles sont là-bas très-bien portés et passent pour une recher-che aristocratique et fashionable. Elle prouve au moins qu'on ne se livre pas aux travaux manuels.

Keyng nous fit voir aussi plusieurs cos-

fumes et des bonnets d'étudiants, surmontés
du bouton de verre de porcelaine ou de jaspe,
qui marque les différents grades obtenus dans
les examens, et qui mène à toutes les places :
car en Chine on ne pense pas, comme en
France, que la culture intellectuelle nuise à
la conduite des affaires ; puis, replongeant
son pinceau dans la rigole du carré d'albâtre
remplie d'encre de Chine, qui servait d'écri-
toire, il recommença pour un autre visiteur
sa graciuseté banale.

Nous le saluâmes de notre mieux, sans
nous piquer, toutefois, d'atteindre aux finesses
de la révérence chinoise, inaccessibles pour
nous autres grossiers barbares d'Occident, et
nous allâmes voir le peintre dans son atelier,
à l'autre coin de la cabine.

Pour le moment, il ne peignait pas, il po-
sait ; l'artiste était devenu modèle : Charles
Landelle, un de nos compagnons de voyage,
était en train de le croquer.

L'artiste de l'empire du Milieu se laissait
faire avec une placidité un peu ironique. On
voyait qu'il se disait en lui-même : « Ce jeune

sauvage en habit noir, sous prétexte de perspective, va me faire quelque membre plus court que l'autre, et, sous prétexte de lumière, me pocher la moitié de la figure. »

Le croquis achevé, le peintre chinois parut assez satisfait du trait pur et léger, et de la ressemblance du dessin ; un signe d'assentiment montra qu'il était étonné qu'un homme qui, relativement à lui, tenait son crayon à l'envers, eût pu faire quelque chose de plus correct. Seulement, comme par la position du corps on ne voyait qu'un pied, il prit la mine de plomb et ajouta de sa main le pied qui manquait, souriant avec une bienveillance paternelle de la négligence bizarre de cet Européen, qui faisait une figure boiteuse. Le croquis ainsi corrigé le satisfit pleinement.

Comme son confrère le lettré, il a pour industrie de donner aux visiteurs, moyennant une légère rétribution, des figures esquissées au trait, et qu'il enlumine de teintes plates au moyen de couleurs qu'il puise à de petits godets assez semblables à ceux des aquarellistes.

Il ne nous restait plus à visiter que la cabine du milieu, espèce de salon très-propre et très-bien décoré, entouré de siéges de bambous curieusement enchevêtrés, tapissé de panneaux représentant des femmes, des oiseaux, des chimères dans des paysages pleins de rocailles, de pivoines et de pêchers en fleur, et de cartouches contenant des strophes ou des sentences d'auteurs illustres, écrites par des calligraphes en caractères ornés. Nous aimons beaucoup cet usage d'employer comme arabesque les beaux vers des poëtes ou les maximes des sages ; l'œil est réjoui par l'ornement, l'esprit par la pensée. Quelque chose d'intellectuel se mêle au luxe et l'empêche d'être bête. Nous voudrions bien lire, ainsi encadrés dans la décoration de nos appartements, des vers de Lamartine, de Victor Hugo, d'Alfred de Musset et autres auteurs chéris.

Comme nous allions sortir de la jonque, émerveillé de cet art où sur un fond presque barbare se jouetant de finesse, nous rencontrâmes une nouvelle colonie d'excursionnistes français, à qui l'Office des chemins de fer, outre le voyage d'Angleterre, faisait accomplir celui de la Chine par-dessus le marché.

L'idée de ce voyage par catégorie nous eût autrefois contrarié; il nous eût plu de parcourir le monde en pèlerin solitaire, à pied ou à cheval, au hasard des chemins et des auberges : mais les grandes inventions scientifiques modernes ont cela de remarquable, qu'elles poussent à la vie commune, malgré les mœurs et les répugnances politiques.

L'artiste, le poëte, l'homme du monde humoristique ou dédaigneux, qui croirait son individualité froissée dans un voyage fait en masse, comme ceux de l'Office de la place de la Bourse, ne peut partir qu'à l'heure marquée pour le convoi général. Il a mille ou douze cents compagnons de voyage forcés, avec lesquels il partagera les impressions de la route. La collectivité le rattrape sur la planche du paquebot et le reprend au collet à Douvres pour le transporter lui millième à Londres. Le pauvre diable, debout aux troisièmes places, y arrive en même temps que lui, bourgeois, cossu, grand seigneur fastueux. Les moyens de s'isoler disparaissent de plus en plus. Une fois pour contrarier le chemin de fer, qui nous paraissait tant soit peu tyrannique, nous essayâmes de venir de Boulogne à Paris en poste ; ce fut une vraie calamité : le courrier ne savait plus se tenir en selle ; il n'y avait pas de chevaux aux relais, les postillons avaient pris d'autres états ; à Amiens, laissant là notre calèche, nous rentrâmes dans le wagon, au risque de partager avec des spéculateurs en pruneaux et des philistins d'une bêtise massive ce bénéfice de la célérité obtenue par le communisme du railway. En dehors de ces communautés, involontaires comme celles du théâtre, des maisons à plusieurs locataires, des restaurants, des paquebots, des wagons, des diligences, des omnibus, des journaux, qui apprennent en même temps la même nouvelle à cent mille lecteurs de tous pays, il y a encore beaucoup de choses à exécuter par groupes, les voyages, par exemple. Pourquoi, ainsi qu'on vient de le faire pour l'excursion à Londres, des compagnies n'entreprendraient-elles pas des voyages de long cours, à l'instar de la maison Waghorn, au Caire, pour la traversée de l'isthme de Suez? Pourquoi, moyennant une somme fixée d'avance, un vaisseau frété par un office ne nous prendrait-il pas ici pour nous mener en Italie, en Grèce, en Asie, en Chine, et nous ramener à notre point de départ? Des excursions impraticables, à moins de grandes fortunes, à des touristes isolés, deviendraient ainsi très-faciles, et du moins l'homme ne sortirait pas de la vie sans avoir visité sa planète et admiré la création dans son ensemble, comme c'est son devoir; car Dieu ne l'a fait que pour cela : l'homme est le lecteur du poëme divin (1).

(1) Cette étude est extraite d'un des volumes les plus charmants et les moins connus de Théophile Gautier, intitulé : *Caprices et Zigzags.* 1 vol. in-12, Hachette et Cie, 3 fr.

MUSICIENS CHINOIS

La musique chinoise, comme la musique arabe, a ses traditions et ses règles, tout aussi compliquées et tout aussi savantes que les nôtres, avec lesquelles elles sont pour la plupart en opposition formelle; il est, du reste, facile de s'en convaincre, en observant les transitions harmoniques qui font la base des accompagnements de presque tous les chants orientaux. Ces chants nous frappent par leur caractère mélancolique et par leur rhythme bizarre; mais ce n'est souvent qu'après les avoir abâtardis en leur prêtant les ressources de notre orchestration et en les modifiant d'après quelques-unes de nos lois musicales, que nous pouvons en apprécier complétement le charme et l'originalité.

La presque totalité des Européens ne verrait dans un concert indigène, arabe ou chinois, qu'un charivari composé de miaulements sortant de gosiers éraillés et se mêlant d'une façon discordante aux crins-crins de la *pouïtra*, de la *pey-pat* ou au rhythme monotone du *pung-woo* ou du *tarabouk*. Les peuples orientaux sont pourtant aussi sensibles à ce genre de musique que nous pouvons l'être à l'exécution d'une belle symphonie. Cela prouve tout simplement que leurs oreilles ont une sensibilité musicale, sinon moins exquise, du moins d'une tout autre nature que la nôtre.

Nous devons à M. Giraldon, qui fait avec beaucoup de courtoisie les honneurs du salon chinois de la rue Vivienne, la traduction des trois romances que nous avons entendu chanter par Mme Yung-Achoy, et dont nous avons noté les airs, non sans quelque difficulté.

La première est intitulée : *Caout-thee*; voici quel en est le sens :

C'est une mère qui fait des remontrances à son enfant parce qu'il a négligé ses devoirs et qu'il a employé trop de temps à jouer.

« N'oubliez pas, dit la mère, que, lorsque
« vous serez plus âgé, il faudra que vous en
« sachiez autant que vos compagnons, que
« vous soyez sage et vertueux, afin d'arriver
« à faire votre chemin dans le monde, et que,
« sans le travail, vous n'arriverez jamais à
« ce but. »

La deuxième, appelée *See-yoo-yee*, est une sorte de chant élégiaque ; c'est l'expression des regrets occasionnés par la mort d'un ami, la récapitulation de toutes ses vertus, accompagnée d'une prière et d'une promesse d'offrandes de toutes sortes pour attirer sur le défunt la clémence des dieux.

Le titre de la troisième est *See-moon-tchan-tzee*. C'est une chanson de regrets et de plaintes sur un enfant qui, ayant quitté sa famille pour aller à la guerre, se trouve captif chez l'ennemi ; une fois rendu à la liberté, il se fixe en pays étranger, et épouse une femme de ce pays ; sa famille, qu'il semble avoir oubliée, se lamente sur son sort.

Le caractère de chacune de ces trois mélodies est à peu près le même; cependant le *caout-tchee* est celle que nous avons le plus souvent entendue et qui nous a le plus impressionné. Elle est en *la majeur* et peut être facilement mesurée à deux et trois temps; dans l'accompagnement fait par la *pey-pa*, on entend fréquemment sur la pédale tonique presque continue une succession de deux accords de quarte et quinte justes dont l'effet est très-piquant; le rhythme de cet accompagnement n'est pas le même que celui qui est marqué par le *pung-woo*, et cependant ces deux rhythmes différents entendus simultanément se marient d'une façon heureuse et originale.

Ce qu'il est facile d'observer dans la musique chinoise comme dans la musique arabe, c'est que la mélodie est souvent dans l'accompagnement, tandis que le chant est une broderie dont les *commas* et les *groupetti* forment le caractère principal.

Chaque romance est divisée en strophes très-courtes, séparées par une ritournelle.

La *pey-pa*, ou guitare chinoise, ressemble beaucoup, quant à la forme, à la guitare arabe appelée *kouïtra*; elle a quatre cordes dont la première est *mi*; la seconde, *la*, faisant quarte avec la première; la troisième *ré*, faisant quinte avec la seconde; et la quatrième *fa* dièze, faisant tierce majeure avec la troisième. Rien n'a pu nous expliquer une pareille progression. Dans les trois romances que nous avons entendues, Mme Yung-Achoy ne se servait, pour s'accompagner, que des deux premières cordes de l'instrument; ce ne pouvait pas être dans le but de jouer avec la difficulté, puisque ces deux cordes sont plus hautes que les deux autres.

Le *pung-woo* est la timbale chinoise : c'est une espèce de calotte de chêne entourée de plomb et au sommet de laquelle est un trou parfaitement arrondi, recouvert d'une peau de tortue. Cet instrument repose sur six tiges assez minces qui s'ouvrent en éventail, et à l'une desquelles est adaptée une tablette sur laquelle le rhythme se frappe, comme sur la peau de tortue, au moyen de deux petites baguettes de bois. On entend deux sons bien distincts, mais qu'il serait assez difficile d'apprécier d'une manière positive. Le *pung woo* est employé comme le *tarabouck*, quoiqu'il soit d'un effet plus éclatant et plus sec, qui se rapproche plutôt de la crecelle que du tambour.

C'est M. Chung-Ataï, le mari de Mme Yung-Achoy, qui accompagne sa femme sur le *nung-woo*.

Nous ne savons pas pourquoi le salon chinois a donné asile à un piano d'une nouvelle invention, auquel on a appliqué une manivelle d'orgue de barbarie qui supprime l'exécutant; si c'est pour établir un contraste avec l'orchestre chinois, nous dirons sans hésiter qu'il est tout à l'avantage de celui-ci.

La Presse, 3 novembre 1851.

CHINOIS ET RUSSES

A L'EXPOSITION UNIVERSELLE DE PARIS, 1867

La Chine a son pavillon dans le parc de
l'Exposition universelle. Depuis la prise de
Pékin, l'empire du Milieu n'est plus un pays
aussi chimérique qu'autrefois ; il passe du rêve
à la réalité. On commence à ne plus croire
que le ciel y soit en laque rouge ou noire sur
lequel se découpent des arbres d'or et volent
des grues aux ailes argentées, au-dessus d'un
sol composé uniquement de kaolin. On admet
que la Chine n'est pas peuplée exclusivement
de poussahs aux yeux obliques, au sourire
béat, hochant la tête quand le vent agite les
sonnettes aux angles des toits retroussés en
sabot, de femmes en porcelaine chancelant
sur leurs petits pieds, et de mandarins ventrus célébrant la fleur du pêcher ou les

reines-marguerites en buvant des tasses de Sou-chon comme on en voit dans les peintures des écrans. Les potiches, les paravents, les cabinets et les émaux cloisonnés ne sont plus nos seuls renseignements. Parmi les promeneurs de l'Exposition, plus d'un a pénétré dans le mystérieux palais où le fils du ciel passait la saison d'été.

Ce n'en est pas moins une sensation singulière que de voir s'élever, en un coin du Champ-de-Mars, une de ces maisons bizarres, aux légers treillis de bambou, aux balustrades coudées en grecques, aux piliers vernis, aux portes rondes, aux toits recourbés, dont les arêtes sont hérissées de dragons, aux longues pancartes historiées de pièces de vers ou de sentences morales, qu'on ne connaissait encore que par les images sur papier en moelle de roseau des albums de Lam-qua. On est tout étonné que la maison chinoise daigne se soumettre aux lois de la perspective comme une construction européenne et ne décrive pas des angles extravagants.

L'on y a réuni, pour lui donner plus de couleur locale, les quelques sujets du Céleste Empire qui se trouvent à Paris. Ils sont là avec leur teint mat, leurs yeux bridés, leurs pommettes saillantes, leur longue queue nattée, leur physionomie enfantine et vieillotte, leur politesse cérémonieuse et leur sourire narquois, qui vendent de menus objets, tasses, écrans, boîtes, bâtonnets parfumés, araignées mécaniques, pierres de lard, pipes à opium, boules d'ivoire découpées enfermées les unes dans les autres, figurines grotesques en bois d'aigle ou en porcelaine. Mais ce qu'il y a de plus curieux, ce sont trois Chinoises des plus authentiques qui se tiennent au fond d'une espèce de cabinet, immobiles sur une estrade et séparées du public par un comptoir encombré de paquets de thé. Elles sont vêtues de longues robes de couleur sombre s'agrafant au col et qui ressemblent beaucoup aux étroites gaînes que portent les femmes aujourd'hui. Leurs cheveux sont retroussés « à la chinoise », et rattachés au sommet de la tête par de grosses épingles à

boules ; leur teint est d'une blancheur olivâtre où leurs prunelles brillent comme des
paillettes noires. Elles ont l'air modeste,
triste et doux, et supportent avec beaucoup
de convenance les regards curieux et souvent
indiscrets de la foule, qui les examine plutôt
comme des bêtes rares que comme des créatu-
res humaines. Celle qui est ordinairement
assise entre ses deux compagnes, au milieu
de l'estrade, la plus jeune des trois, est très-
jolie même dans les idées européennes. Ses
yeux ne remontent que très-légèrement vers
les tempes, ses traits mignons et délicats sont
d'une enfant, quoique elle ait l'âge d'une
jeune fille. Elle nous a rappelé *Yo men li* du
roman des *Deux Cousines*, et, en la contem-
plant, cette poésie du *Livre de Jade* nous
revenait en mémoire :

« J'ai cueilli une fleur de pêcher et je l'ai
apportée à la jeune femme qui a les lèvres
plus roses que les petites fleurs.

« J'ai pris une hirondelle noire et je l'ai
donnée à la jeune femme dont les sourcils
ressemblent à deux ailes d'hirondelle noire.

« Le lendemain, la fleur était fanée et l'oiseau s'était échappé par la fenêtre du côté de la Montagne-Bleue, où habite le génie des fleurs de pêcher.

« Mais les lèvres de la jeune femme étaient toujours aussi roses et les ailes noires de ses yeux ne s'étaient pas envolées. »

Ainsi s'exprime le poëte Tse-Tié. A beauté chinoise, madrigal chinois.

Il y a dans le pavillon du Céleste-Empire un musée intéressant, dont l'objet le plus curieux est le crâne d'un général célèbre par sa valeur, revêtu d'or et monté en coupe ; à l'intérieur du crâne, est peinte une figure de Bouddha, et sur le cercle entourant le *test*, comme disaient nos aïeux, sont inscrits des caractères anciens qui sans doute chantent les louanges de l'illustre guerrier. Nous ne parlerons pas des tasses de jade, des émaux cloisonnés, des céladons et aquilés, des vases teintés : ce sont choses connues.

Sur la galerie supérieure est établi un café-restaurant dont nous n'avons goûté ni les boissons ni les ragoûts. On nous a cependant montré des nids d'hirondelles salanganes, ce mets dont les Chinois sont si friands et auquel ils attribuent de merveilleuses qualités toniques. Le nid d'hirondelle s'accommode en potage avec une sauce noire très-épicée, comme celle du mockle-turtle. Nous en avons mangé autrefois à Hambourg. C'est une substance gélatineuse, qui n'a pas grande saveur en elle-même et ressemble à du tapioca demi-fondu. Cette gourmandise exotique est taxée sur la carte 20 francs. Ce n'est pas cher.

De cette galerie on aperçoit un théâtre sur lequel se donnent des représentations de gymnastes, de jongleurs et d'équilibristes qui n'ont pas dû avoir le mal de mer en venant de Canton ou de Shang-haï. Il était facile, ce nous semble, d'engager une véritable troupe chinoise et de l'amener à Paris. Rien n'eût été plus intéressant, et la recette, puisqu'on paye pour entrer à la Chine de l'Exposition, eût aisément couvert la dépense. Peut-être la troupe est-elle en route, et arrivera-t-elle avec la vaisselle locale qu'on attend toujours.

Supposez que nous avons franchi la douane

de Kiakta et que nous sommes en Russie. L'illusion est facile, car voilà un *isba*, bâti de tronc d'arbres posés en travers et se rejoignant aux quatre angles avec une charmante symétrie rustique. Le toit, projeté en avant, est bordé d'une fine découpure en bois de sapin, et le faîtage se termine par deux têtes de cheval affrontées, comme on dit en termes de blason. L'encadrement des fenêtres a reçu une ornementation du même genre, et des étages en surplomb tombent de délicats pendentifs. Les moujiks exécutent tout cela sans autre outil qu'une hache et qu'une scie. L'intérieur de l'isba est simple et commode, merveilleusement approprié au climat. Un grand poêle sur lequel on couche occupe tout un coin de la principale chambre. Des bancs de bois s'adossent aux cloisons revêtues de planches. Des doubles châssis garnissent les ouvertures. On rêve d'habiter une semblable maison quand la neige blanchit la terre et qu'on entend au loin les loups hurler dans les bois de sapins et de bouleaux. L'été, on y serait fort bien encore sur ces galeries découpées à jour derrière un rideau de plantes grimpantes.

Le petit comptoir russe est charmant avec ses courtes colonnettes de style asiatique, ses légères arcatures et son toit renflé en demi-coupole.

Rien de mieux entendu et de plus pittoresque que les écuries où sont logés les chevaux de race amenés pour l'Exposition. De sveltes frises en bois fenestré comme une truelle à poisson accusent et ornent les lignes du bâtiment. Ces découpures hippiques se croisent aux sommets des angles et indiquent bien la destination de l'édifice. Nous n'avons pas vu les chevaux en action, mais nous connaissons les magnifiques allures des *steppers* russes qui trottent d'un pied si ferme sur la glace de la Neva, et nous avons admiré dans leur patrie même ces coursiers de la race Orloff, à la robe lunée, à la queue qui semble saupoudrée de limaille d'argent.

Près de l'écurie, une niche élégante renferme deux superbes lévriers de Sibérie, aux yeux de gazelle, au fin museau de brochet,

au pelage strié de fauve et de noir, qui se
roulent dans la paille en bâillant et en étirant
leurs membres. Cela est fort honorable de
figurer à l'Exposition comme spécimen de
race pure ; mais, nous n'en doutons pas, ces
braves lévriers aimeraient mieux bondir en
toute liberté dans le steppe, devançant le
galop à fond de train des chevaux les plus
rapides.

Regardez cette yourte ou tente en feutre à
dessins rouges sur fond blanc : c'est encore
une habitation assez confortable ; mais voilà
qui est tout à fait primitif, une hutte de Sa-
moïède ou d'Ostiak, faite de peaux de phoque
et d'écorces de bouleau soutenues par des
perches réunies à leur extrémité et laissant
passer la fumée.

Des moujiks en costume d'été, c'est-à-dire,
revêtus de la chemise rouge ou blanche et du
pantalon bleu entré dans les bottes, vont et
viennent, occupés à diverses besognes, et
animent le canton russe de la manière la plus
pittoresque. Plusieurs ont le type grec, et,
avec leurs cheveux séparés sur le front et leur

barbe couleur noisette, ressemblent aux Christs des peintures byzantines.

Non loin de la Russie, la Suède et la Norvége ont leur quartier. Les gens du Nord entendent à merveille les constructions de bois et savent en tirer des effets charmants. Arrêtez-vous à ce fac-simile de la maison de Gustave Wasa. La forêt en a fourni les matériaux façonnés à coups de hache. Sur le toit recouvert d'une mince couche de terreau, du blé a germé, poussé et verdi, formant un fin tapis de velours. L'escalier, placé à l'extérieur, enveloppe sa vis à colimaçon d'une carapace ronde papelonnée d'écailles en bois, et les chambres, dont les parois laissent voir le sapin avec ses blondes teintes de saumon, rappellent l'intérieur d'un navire.

D'autres maisonnettes de style analogue contiennent des barques, des engins de pêche, filets, nasses, harpons ; et pour la chasse du renne, des drapeaux et des banderoles sur lesquels sont peintes des figures monstrueuses de diables, de dragons et d'animaux chimériques grinçant des dents, les griffes en arrêt,

et tirant la langue comme des lions lampassés
de gueules. Les rennes, à l'aspect de ces fan-
toches horrifiques placés sur leur passage,
s'enfuient dans la direction voulue, et sont
pris ou tués. — Les Chinois, pour effrayer
l'ennemi, ne plantaient-ils pas sur sa route
des paravents couverts de chimères ridicules?
Mais les Européens, moins craintifs que les
rennes, crevaient d'un coup de pied le papier
formidable et passaient.

Une surprise nous était réservée en traversant le domaine de la Prusse. Un kiosque
charmant, du goût arabe le plus pur, ciselé
comme un brûle-parfums, colorié comme un
cachemire, arrondissait tranquillement sa
coupole argentée, dans cette région à coup
sûr peu orientale. On y travaillait encore.
Nous y entrâmes, et l'architecte nous expliqua le mystère d'un mot. Il était de Kœnigs-
berg, et fabriquait des kiosques pour le vice-
roi d'Égypte. Il ne faut pas trop s'étonner.
On fait très-bien l'architecture arabe en Allemagne. La Wilhelma de Stuttgard est la
plus délicieuse imitation de l'Alhambra

qu'on puisse rever. Boabdil s'y croirait chez lui.

Arrivé à ce point, on rencontre la grille du parc, qui est un spécimen des travaux de serrurerie les plus remarquables en ce genre. Là sont réunies les serres modèles, les serres chaudes pour les plantes tropicales, les serres froides pour les camellias. Chaque jour on y tire des feux d'artifice de fleurs ; aujourd'hui ce sont les azalées qui partent, demain ce seront les roses. Des massifs de rhododendrons s'épanouissent au milieu de leurs disques de terre bleue ; des allées se dessinent entre des bordures de fougères ; des rivières serpentent dans des lits de bitume, traversées de ponts rustiques, de ponts en fil de fer. Plus loin, des jets d'eau s'élancent du calice de lotus, d'iris ou d'autres plantes aquatiques en tôle peinte qui tromperaient les yeux si l'on ne savait que les fleurs ne se livrent pas d'elles-mêmes à ces gentillesses hydrauliques. Des bancs de tout modèle vous tendent les bras et vous invitent au repos par leurs courbes moelleuses, et l'on

pourrait se croire dans les jardins d'Armide,
si chaque merveille ne portait pas une étiquette et une adresse. Il y a aussi des monticules de rocailles hérissés de plantes grasses,
des grottes dont les anfractuosités se creu-
sent en aquarium où il ne manque encore que
l'eau et les poissons. Mais chaque jour une
lacune se comble; une chose ébauchée
s'achève, et, en attendant, on se console avec
les bouffées d'excellente musique qu'apporte
la brise chargée de parfums, car il y a un orchestre de cuivre dans le parc des fleurs

Moniteur Universel, 19 mai 1867.

JAPON

D'APRÈS LES *NOTES* DU B^{on} CH. DE CHASSIRON

Nous avons rendu compte, il y a quelques années, d'un fort curieux ouvrage de M. le baron Ch. de Chassiron sur la régence de Tunis (1). L'auteur, qui manie le crayon avec autant d'aisance que la plume, avait accompagné son texte de chromolithographies reproduisant avec une extrême exactitude de lignes et de couleur l'aridité brillante de la nature africaine. L'instinct voyageur n'a pas abandonné M. de Chassiron, et il a rapporté d'une expédition lointaine dans l'extrême Orient un livre des plus intéressants. On sait combien sont rares, pour ces pays qui repoussent avec opiniâtreté les *barbares* d'Occident, les relations de témoins oculaires.

(1) Voir le tome II du présent ouvrage.

Les écrits des jésuites défrayent encore, après tant d'années, les récits des voyageurs confinés d'ordinaire dans quelques ports et réduits à observer la terre défendue, au moyen de télescopes, comme si c'était une planète ou un astéroïde.

La Chine, ouverte maintenant, s'est abritée bien des siècles derrière sa grande muraille; elle restait pour l'Europe la chimérique patrie des dragons bleus, des poussahs dodelinant la tête et des miaos en porcelaine. Quant au Japon, il était inviolable et inviolé. A peine si les Hollandais avaient obtenu, à force de soumission flegmatique aux exigences les plus bizarres, d'y végéter dans la prison d'une factorerie sous la surveillance d'un incessant espionnage. Ce ne serait pas une exagération métaphorique de dire que la lune est mieux connue que le Japon, quoiqu'elle soit située à quatre-vingt-cinq mille lieues de nous. On en possède des cartes exactes et détaillées, l'altitude de ses montagnes est mesurée, on a sondé la profondeur de ses cratères, et l'on n'en est pas encore là avec le mystérieux empire de Nipon, car tel est le nom réel et que se donne elle-même la contrée si bien défendue jusqu'à présent contre la curiosité occidentale, où nous allons être introduits à la suite dè la mission de France, dirigée par M. le baron Gros.

Pénétrons donc sur le pont du *Laplace* dans ces mers presque ignorées. Voici, vaguement ébauchées derrière un léger rideau de brume, les deux premières îles de l'archipel japonais : au nord-est, la *Roche-Poncier;* au sud-ouest, *Ingersoll*, aux contours noirs et dentelés. On entre dans le détroit de *Van-Diemen* et, vers le soir, les larges lames du Pacifique commencent à se faire sentir. A l'est est apparue, comme une fumée bleuâtre, la partie de la terre ferme du Japon où se trouve *Nagha-Saki;* à droite, s'ouvre l'archipel *Cécile*, et il semble que le vent apporte déjà des senteurs étranges de cette terre de Nipon vers laquelle l'imagination s'élance, devançant la marche du navire. Enfin, après quelques retards commandés par la prudence, on double le cap de *Noga-Tzura,*

qui abrite, tant bien que mal, la rade où es;
située Simoda. Les contours de la baie sont
charmants et de l'aspect le plus pittoresque.

A peine le navire est-il engagé dans le
goulet, qu'un canot portant le pavillon impérial noir et blanc s'est présenté à l'échelle
du *Laplace*, amenant trois officiers japonais
subalternes; les deux sabres courbes d'inégale grandeur passés dans leur ceinture les
désignaient comme fonctionnaires, car ceux-
là seuls peuvent porter cette espèce d'arme.
Le baron Gros ne les reçut pas, comme d'un
rang trop inférieur, et ils ne communiquè-
rent qu'avec l'interprète. Leur physionomie,
quoique rappelant une origine chinoise, était
plus belle, plus fine et plus ouverte que celle
des autochthones du Céleste-Empire. Aucune
couleur vive ne [p..] flotait sur leurs vêtements de teintes neutres ou sombres; car, en
cette matière, le goût japonais se rapproche,
pour la sobriété, du goût européen; les trois
officiers firent honneur au déjeuner qu'on
leur offrit et où le vin de Champagne ne leur
fut pas ménagé. Voyant qu'on ne leur attri-

buait nulle importance, ils se retirèrent, leur comédie jouée, non sans avoir fait une multitude de questions qui dépassaient les limites de la curiosité permise.

L'insuccès de ces premiers agents détermina le *bougno*, ou gouverneur de Simoda, à paraître en personne. A travers la banalité des formules préliminaires perçait un désir d'évincer les étrangers ou de ne leur accorder que des satisfactions dérisoires; mais il fut déjoué par la fermeté opiniâtre du baron Gros, habitué à ces fins de non-recevoir polies des cauteleux diplomates de l'extrême Orient. On parla ensuite avec un sérieux parfait de la santé du *Taï-con* (empereur du Japon), qui se portait à merveille, à ce que prétendait le *bougno*, mais qui en réalité était mort depuis quinze jours, circonstance que n'ignorait pas la mission française.

Comprenant à l'insistance du baron Gros pour traiter à Yeddo même, capitale du Nipon, que toutes ses finesses étaient éventées, le *bougno* prit son parti en galant homme, et invita la mission à déjeuner. Le logement du *bougno* se composait d'une construction en bois à un seul étage, comme toutes les constructions riches ou pauvres du Japon, formant un carré long fermé par un corps de logis principal du côté de la ville, et ouvert sur un large espace vide clos de bambous, du côté de la campagne.

Une sorte de véranda ombrageait un escalier conduisant à plusieurs portes qui donnent accès aux appartements intérieurs. Selon l'étiquette japonaise, le maître de la maison, pour recevoir ses hôtes, se tenait au sommet de ce perron, un peu en arrière de ses officiers.

La salle du festin était garnie, sur deux côtés, de divans en bois, très-bas, un peu inclinés et couverts de nattes d'une finesse et d'un brillant extraordinaires. Au fond de la salle régnaient des divans un peu plus élevés; de petites tables en laque noire, de quelques centimètres de hauteur, sans autre ornement que leur poli, étaient placées devant chaque convive. Après les salutations d'usage, qui consistent à plier le buste sur les genoux, sept domestiques servirent le repas dont voici le menu, crayonné sur l'éventail en papier d'orties donné à chaque hôte avant le repas. Premier service : une soupe au poisson ; du porc entouré d'herbes aromatiques ; des châtaignes saupoudrées de vanille ; du poisson bouilli, coupé en menus morceaux et relevé d'herbes hachées. Deuxième service : du poisson relevé de gingembre vert et de carottes ; de grosses crevettes coupées en morceaux. Troisième service : deux espèces de vins très-chauds ayant le goût de résine des vins grecs ; une julienne. Quatrième service : un gros poisson bouilli de l'espèce des mulets, dressé avec beaucoup d'art, au milieu de joncs vivaces et fleuris. Cinquième service : du riz cuit à l'eau, du poulet bouilli, coupé en petits morceaux ; une troisième espèce de vin chaud jouant le punch ; du thé.

Ce menu, qui ferait peut-être sourire par sa naïveté nos grands artistes de bouche, n'offre pas les dépravations de goût compliquées et rebutantes de la cuisine chinoise, dont l'amour-propre semble chercher, pour le mettre en œuvre, tout ce qui soulève la nausée. Les vins, sans doute composés, brûlaient la gorge comme du vitriol et portaient vite à la tête. Le thé, servi sans miel ni sucre, conservait une âpreté amère désagréable pour les palais européens. Le tabac, fumé dans de jolies pipes à fourneaux microscopiques, n'avait pas la saveur huileuse du tabac jaune de la Chine.

Pour cette cérémonie, voici quelle était la tenue du *bougno :* son costume se composait d'une sorte de surtout en gaze noire à longues manches plissées en éventail sur les épaules, passé sur une chemise jaune clair croisée sur la poitrine et serrée aux hanches par une ceinture soutenant un pantalon de soie très-ample, qui s'ajuste par-dessus la chemise et se termine sur les pieds en forme de jupe plissée. Cette coupe de vêtement est la même pour toutes les classes de la société. Seulement les classes inférieures remplacent par des cotonnades la gaze et la soie, apanage exclusif des hautes classes.

Mais, quelque charmants que soient les environs de Simoda avec leurs jolies maisons de bois, leurs clôtures de bambous, leurs haies de camellias sauvages, leurs montagnes accidentées, leurs vallées où écument des cascatelles, il nous tarde, comme à la mission, de faire notre entrée dans Yeddo, la mystérieuse capitale du Nipon.

Quoique situé au bout du monde, ce n'est pas une petite ville qu'Yeddo. Paris et Londres ne sont pas si peuplés, car elle ne compte pas moins de deux millions et demi d'habitants, incroyable et monstrueuse agglomération humaine ! La ville, disséminée sur un espace immense, se compose de trois enceintes formant comme des villes particulières. Au centre, le palais du *Tai-con* ou empereur occupe un vaste périmètre, entouré par des murs en granit de construction cyclopéenne, soutenant des terrasses plantées d'allées de cèdres. Autour se groupent les habitations des grands dignitaires et des personnages de distinction, reconnaissables aux clous dorés qui constellent leurs portes et aux blasons qui les surmontent. Cette seconde enceinte est protégée par

des douves de 15 à 20 mètres de large et une
muraille à plan incliné en granit, où s'ouvrent, de distance en distance des portes colossales en cèdres garnies de ferrures d'airain; des ponts de bois jetés sur des assises
de maçonnerie y conduisent. Aucune boutique ne déshonore l'aristocratie de ce quartier annulaire qu'entoure, comme une ceinture de seize milles de circonférence, la ville
ouvrière et marchande arrondie en large cordon. Toutes les maisons, bâties sur un plan
réglementaire, n'offrent par conséquent qu'un
aspect assez monotone. Elles consistent en un
seul étage élevé sur un soubassement de granit, coiffé d'un toit de tuiles brunes, et présentent à la rue un mur peint en gris, percé
de petites fenêtres que ferment des jalousies
ou des treillages de bambous. Les clous des
portes ont, comme nous l'avons dit, une si-
gnification hiérarchique; ils indiquent un
rang plus ou moins élevé, selon leur métal
ou leur dorure. Les rues sont coupées de
barrières qui se ferment comme des sortes
d'écluses pour retenir le torrent de la circu-

lation, lorsqu'il bouillonne trop abondant. Des sergents de ville, armés de baguettes en fer, font la police d'une barrière à l'autre. La mer baigne Yeddo, avantage immense pour une capitale, et des forteresses, où se reconnaît l'inspiration hollandaise, défendent son port.

Le Japon a ses hétaïres comme la Grèce antique. On élève des jeunes filles pour ce métier de courtisane, qui n'a rien là-bas d'infamant : on leur apprend la poésie, la musique, l'astronomie, fort en honneur au Nipon. Leurs maisons sont fréquentées publiquement comme des académies ou des clubs ; on y cause d'affaires, de littérature, de philosophie ; le marchand y rencontre le *damio* (grand seigneur) ; de maîtresses elles deviennent souvent épouses, et la société les admet sans difficulté dans son sein ; il ne vient dans l'idée à personne de leur reprocher leur passé.

Les Japonais ont le sentiment de l'art ; leur goût n'est pas chimérique et monstrueux comme celui des Chinois. M. de Chassiron a joint à son livre des *fac-simile d'illustrations*

tirés de petits traités populaires didactiques.
On y voit des planches d'histoire naturelle
gravées sur bois avec une singulière intelligence du caractère, du mouvement et de la
physionomie des bêtes : ce sont des quadru-
pèdes, des oiseaux, des poissons, des repti-
les, des insectes indiqués d'un trait si vif, si
libre et si génial, qu'aucun artiste d'Europe
ne ferait mieux. Les planches relatives aux
travaux de la campagne sont aussi instruc-
tives que curieuses. Les caricatures décèlent
la bouffonnerie la plus humoristique et un
profond sentiment du ridicule humain.

Les pages concernant la Chine et l'Inde
ont aussi leur intérêt, mais nous nous sommes arrêté de préférence au Japon, moins
connu. Nous avons dû négliger la partie sérieuse du livre, les traités, les documents
diplomatiques, les pièces à l'appui, toutes
choses qui ne sont pas de notre ressort. L'é-
crivain observateur et pittoresque suffisait
grandement à notre article.

Moniteur Universel, 26 février 1863.

ACROBATES ET SALTIMBANQUES
ORIENTAUX

Il n'y a pas de plaisir plus vif pour nous, qui avons le sentiment exotique poussé au plus haut degré, que de voir au milieu de notre civilisation des types lointains et bizarres appartenant à une autre branche de la race humaine et différant de nous autant que possible. Aussi l'arrivée d'une troupe japonaise authentique nous préoccupait-elle outre mesure et attendions-nous le jour de la première représentation avec une impa-i-nce qui ne nous est pas ordinaire. C'est une plaisanterie familière aux Parisiens de prétendre que les Indiens, les Arabes, les Turcs, les Chinois, qui ont fait des exercices quelconques devant le public, viennent tous de la place Maubert ou du faubourg Saint-

Antoine, mais elle ne serait pas de mise pour les jongleurs que nous avons vus samedi. On dirait la réalisation vivante de ces gravures sur bois japonaises coloriées qui arrêtent le flâneur le long du quai Voltaire et surprennent l'artiste par la franchise du dessin, la vérité du mouvement et l'harmonie des teintes. Ces planches ouvrent tout un monde nouveau à la rêverie, les personnages qui les animent paraissent appartenir à une autre planète.

Quand nous entrâmes dans ce théâtre fantastiquement énorme, dont le plan semble avoir été donné par Piranèse, un Japonais, accroupi comme une idole sur une estrade dressée au milieu de la piste des chevaux, saluait la foule avec des prosternations de corps et des hochements de tête. Cela fait, il se mit à ranger devant lui, sur une petite table, des feuilles de papier blanc où nulle image n'apparaissait. Comme cette préparation, dont nous ne comprenions pas le but, était assez longue, nous eûmes le temps d'examiner l'opérateur. Il avait le sommet de la tête rasé,

les cheveux d'un noir bleu, le teint cuivré,
les yeux comme des points de jais, la physionomie intelligente et fine ; son costume consistait en une robe de soie à manches larges,
ramagée de diverses couleurs, sur fond brun,
et brodée çà et là de quelques disques d'or.
Près de l'estrade une fillette de dix ou douze
ans, à la figure ronde comme une pleine lune
et dont les sourcils ressemblaient à des feuilles
de saule posées obliquement, jouait d'une
espèce de guitare dont elle grattait les cordes
avec un plectrum, comme cela se pratiquait
pour la lyre antique. Elle chantait, de cette
voix nasillarde et gutturale à la fois, qui plait
aux Orientaux et agace les oreilles des dilet-
tanti européens, une cantilène en mode mi-
neur très-bien rhythmée, qu'on aurait pu facilement noter, d'une tristesse nostalgique et
rappelant le caractère des mélodies tsiganes.
Cette chanson étrange et d'un charme barbare ne paraissait pas réjouir beaucoup les
anges du paradis, qui lui eussent préféré
Ohé! les petits agneaux, ou *J'ai un pied qui
remue!* mais nous l'écoutions avec une rare

volupté, que ne nous donnent pas toujours les grands airs d'opéra. Ces cantilènes sont comme les bégaiements et les chants de nourrice du monde encore enfant.

Le jongleur lui-même, quand se taisait la musique, faisait, comme on dit, son *boniment* en japonais, expliquant le tour qu'il allait exécuter. — C'est la première fois que nous entendions parler cette langue, elle nous semble accentuée et sonore. — Son discours achevé, le jongleur versa un pot d'eau sur les feuilles de papier, où soudain se dessinèrent toutes sortes d'images, invisibles auparavant. Puis il mit le feu à ses papiers, qui, jetés en l'air, produisirent un feu d'artifice, d'où jaillit une poupée habillée d'oripeaux et de soie. Au milieu de son ascension, la poupée éclata et se divisa en quatre lanternes allumées. Nous passons sous silence quelques tours faits avec des rubans, que pratiquent les saltimbanques d'Europe, pour arriver à un exercice plus caractéristique et vraiment bizarre. Le jongleur se pelotonna derrière un écran, et il en sortit transformé en

tigre, non pas en tigre de Barye ou de Delacroix, mais en tigre de potiche, en chimère
japonaise, avec un pelage jaune-serin et des
zébrures roses. La tête, modelée en carton,
était extravagamment farouche, et le corps,
composé d'un fourreau de soie, prenait les
attitudes que lui imprimait le jongleur. Nous
admirions la vérité de mouvements de ce tigre fantastique, qui se léchait les pattes et se
les passait sur le mufle comme un tigre de
Méry, dans le roman d'*Héva*, quand tout à
coup le monstre disparut, et nous vîmes à sa
place une figure falote, avec un masque
rouge, qui sautait çà et là, en poussant des
gloussements singuliers à la façon des clowns.

L'exercice de la toupie est vraiment très-
gracieux. C'est un autre jongleur qui l'exécute; il a près de lui, pour le servir et lui
tendre les accessoires dont il a besoin, sa
femme et deux enfants. La petite fille, en-
goncée dans son bizarre costume, nous rappelait cette fillette étrange vêtue de lumière et
d'or et qui a un chapon pendu à la ceinture
dans ce miraculeux tableau de Rembrandt

qu'on nomme, nous ne savons trop pourquoi, la *Ronde de nuit*. On eût dit une reine de Saba naine. Le jongleur, après avoir ficelé sa toupie, la lançait en l'air et la rattrapait tournant toujours sur la paume de la main, au bout d'une pointe, la faisait promener sur le fil d'une lame de sabre et sur la tranche d'un éventail dont il dépliait lentement les feuilles. A chaque tour, la femme frappait avec des battoirs sur une légère table de laque faisant l'office de timbale, et les deux enfants poussaient des cris aigus. — Une construction assez compliquée en laque noire et rouge, représentant un kiosque, reliée à une pagode par un système de rainures, nous intriguait depuis le commencement de la séance. Une idole occupait le centre du kiosque, et nous ne comprenions pas trop à quoi cela pouvait servir; nous le vîmes bientôt : c'était une sorte de dédale que la toupie devait parcourir sans encombre. Le jongleur la lança; elle passa entre les jambes de l'idole, sortit du kiosque, gagna la pagode par l'étroit chemin, monta l'escalier en spirale et descen-

dit de l'autre côté, ronflant et tournant tou :
jours.

Le premier jongleur revint et fit le *tour des papillons*. Il dirigeait et soutenait avec le vent de son éventail un morceau de papier blanc plié de manière à former deux ailes. A ce papillon s'en joignit bientôt un autre, et on les vit se suivre et se chercher, l'un volant haut et l'autre bas, comme ces étincelles blanches qui se lutinent au printemps dans les jardins. Les deux papillons se fixèrent sur un bouquet, et bientôt le jongleur fut entouré d'une nuée de flocons blancs.

L'exercice du bambou vertical est vraiment effrayant. Un gymnaste japonais monte jusqu'aux frises du théâtre, à cinquante ou soixante pieds, par des cordages de soie, se suspend la tête en bas, tenant un trapèze et des perches en bambou qui servent à l'ascension et aux tours d'un jeune homme et d'un enfant d'une force extraordinaire. Au milieu de leurs exercices, ils se laissent couler jusqu'au bout de leurs fils, croisent les jambes à l'orientale, reprennent haleine et s'éventent avec une tranquillité parfaite.

Moniteur, 22 juillet 1867.

II

LA TROUPE DU TAÏCOUN.

La vogue est à la troupe d'acrobates du Taïcoun. Une foule compacte remplit chaque soir, du rebord de la barrière jusqu'aux fresques de Barrias, le vaste entonnoir de gradins du cirque Napoléon. Jamais, en effet, spectacle plus étonnant ne fut offert à la curiosité parisienne ou pour mieux dire cosmopolite, car il y a maintenant dans notre capitale, grâce à l'Exposition universelle, autant d'étrangers que d'indigènes. On s'habitue vite aux choses que naguère l'imagination n'eût pas osé rêver et qui maintenant semblent toutes simples. Le fils du Taïcoun, ce prince mystérieux d'un empire jadis impénétrable, applaudissant des gymnastes du

Japon, ses sujets, à Paris, sur le boulevard des Filles-du-Calvaire, devant une assemblée venue des cinq parties du monde, et parlant toutes les langues que fit naître la dispersion de Babel, cela ne paraissait surprenant à personne. Les pays les plus lointains, les plus excentriques, les plus fabuleux avaient là leurs représentants. Sans doute le coup d'œil eût été beaucoup plus pittoresque si chacun avait gardé son costume national au lieu d'endosser le domino de la civilisation, qui est le même pour tout le monde. Cependant on distinguait les physionomies exotiques colorées par d'autres soleils, aux configurations particulières et bizarres, avec leurs yeux où reste le reflet d'astres qui ne brillent pas sur notre ciel, et l'on pouvait faire en une soirée une revue ethnographique aussi complète qu'en accomplissant autrefois un voyage de circumnavigation. Mais revenons à nos Japonais.

Au début de la séance, la troupe tout entière s'avance sur la plate-forme et fait le salut, qui consiste à s'accroupir et à se prosterner dans cette pose que le tableau de Gérôme a rendue célèbre. Ce salut a quelque chose de solennel et de primitif. Dans son humilité apparente, il garde cette grâce digne et sérieuse qui caractérise les manières des Orientaux.

Après cette cérémonie, les artistes se relèvent et les exercices commencent. Les Japonais ont le dessus de la tête rasé de façon à laisser vers chaque tempe une masse de cheveux. Ces cheveux sont d'un noir intense, car il n'existe dans l'extrême Orient ni cheveux blonds ni yeux bleus. Leur teint est basané; des nuances de cuivre s'y mêlent à un fond de pâleur olivâtre. Les paupières se retroussent légèrement à l'angle externe, les pommettes sont saillantes et le nez ne se détache pas beaucoup du profil. Sur la bouche aux lèvres violettes, voltige un sourire narquois, et les yeux, semblables à des clous de jais, pétillent d'intelligence. Ce n'est pas la beauté, mais ce n'est pas non plus la laideur, et chez les femmes, ce type, en prenant de la finesse, devient gracieusement bizarre et d'un charme indéfinissable. L'esthétique de la beauté bornée aux races européennes est évidemment à refaire ou du moins à compléter ; il y a bien des manières d'être jolies trouvées par les Chinoises, les Japonaises, les Mongoles, que nous ne soupçonnions pas.

Le costume des jongleurs est une sorte de robe longue de couleur violette ou brune agrémentée çà et là de quelques sobres ornements d'or découpés en forme de disque. Les mouvements, sous cette robe flottante, ont une liberté et une aisance toutes particulières et diffèrent entièrement des nôtres ; aucun de ces hommes ne s'assoit, ne se lève, ne se meut comme un Européen.

Sur l'estrade figurent les accessoires nécessaires aux exercices ; ils inquiètent et irritent la curiosité par leur étrangeté élégante. Des cordes, des bambous, des câbles de soie pendent du plafond et font rêver des suspensions et des voyages aériens effrayants. Les jongleurs vont et viennent, disposant tout, et le pitre de la troupe, dans sa langue, annonce le tour qui va s'accomplir ; tout cela accompagné de la musique du Cirque, que le public a eu le bon goût de faire cesser. Pourquoi, en effet, mêler à ce spectacle rare, exquis, exotique, étrange, les vulgaires rengaines des trombones et des cornets à pistons? Il eût mieux valu laisser aux Japonais leur musique si originale, leurs guitares grattées avec un plectrum comme les lyres antiques, et leurs plaintives cantilènes.

Nous ne pouvons pas raconter tous les tours exécutés par ces prodigieux équilibristes qui semblent détachés des peintures sur laque et vivre en dehors de l'équilibre et de la perspective d'une vie aériennement chimérique, mais nous indiquerons avec quelque détail les plus surprenants.

Un des gymnastes se renverse sur un petit matelas la tête en bas, les pieds en l'air, à la façon des *acropedestrians* américains; deux servants lui posent sur la plante des pieds une machine singulière semblable à un immense éventail ouvert dont on n'aurait conservé que les principales branches. Les deux montants sont rejoints par une étroite plateforme de bambou recouverte en papier.

Alors un jeune garçon de neuf ou dix ans, le petit *All Right*, ainsi nommé parce qu'en faisant des exercices périlleux il lance de temps en temps ces deux mots anglais, les seuls qu'il sache, avec une intonation stridente qui rappelle le petit cri dont Auriol accompagnait ses tours, s'avance, salue et se met à grimper, plus souple et plus leste qu'un singe, après l'une des branches du gigantesque éventail; arrivé au sommet, il s'assoit, se couche, prend des poses impossibles, se pend par le pied ou par la main, passe comme un serpent à travers les barreaux de la plate-forme que l'acropedestrian maintient en équilibre par d'imperceptibles déplacements de pieds, puis il redescend et crie au milieu d'un tonnerre d'applaudissements : *All right* (tout est bien).

All Right a une jolie petite figure toute ronde, éveillée par deux yeux de diamants noirs, et les deux tours qu'il exécute, comme en se jouant, ne semblent lui causer aucune fatigue. Sur son front brun, pas une perle de sueur.

L'exercice des tonneaux est vraiment prodigieux. Le jongleur, couché, reçoit All Right
sur ses mains et l'envoie sur ses pieds. On
apporte un tonneau, ou, pour être plus exact,
une espèce de tambour de bois. All Right
s'y pose ; un second disque est glissé sous le
premier, puis un troisième, puis un quatrième, et ainsi de suite jusqu'à dix. L'enfant
s'élève avec cette colonne que l'on bâtit
par la base, faisant au sommet des poses
d'une hardiesse gracieuse, se levant, s'asseyant, s'éventant avec une tranquillité parfaite. Quand la colonne a reçu toutes ses assises, les servants arrivent tenant un sac plus
grand que celui de Scapin. L'acropedestrian
imprime une petite secousse au frêle édifice ;
l'enfant, lui, retombe sur les mains, et les
tonneaux roulent dans le sac.

Mais voici qui est plus étonnant encore.
Une énorme échelle est apportée. Au sommet, comme un bras de potence, s'étend une
autre échelle horizontale, de laquelle pend
une échelle plus petite. Ce mécanisme est
posé sur les pieds du Japonais couché, et le

petit All Right commence son ascension. Parvenir au sommet de la première échelle n'est qu'un jeu pour l'enfant ; mais bientôt il s'engage sur l'échelle transversale. A mesure qu'il s'éloigne du point de départ, son poids augmente comme le poids qu'on fait glisser sur la tringle d'une romaine, et le jongleur d'en bas doit rétablir l'équilibre par des inflexions savamment calculées. Tout cela n'est rien encore. All Right descend la tête la première la troisième échelle, la remonte à reculons et fait le même voyage en l'entremêlant de tours de souplesse et de manéges d'éventail que n'exécuterait pas plus gracieusement une Espagnole de Goya. En regardant ce prodigieux exercice, on n'ose en croire ses yeux, toutes les lois de l'équilibre et de la pesanteur paraissent renversées. Nous ne parlerons pas du jeu de la toupie, du bambou vertical et autres merveilles que nous avons déjà décrites à propos des Japonais du Cirque Américain.

Moniteur, 29 août 1867.

L'INDE

À L'EXPOSITION UNIVERSELLE DE LONDRES.

I

Voir l'Inde est un désir qui nous travaille depuis notre plus tendre enfance, et, bien qu'il y ait un proverbe, menteur comme tous les proverbes, qui dise : « Vouloir, c'est pouvoir, » nous n'avons pas encore pu le réaliser. L'Inde a été élevée par les Anglais à des prix au-dessus de toute littérature, et la presqu'île du Gange n'a pour visiteurs que des *civilians*, des marchands de la Cité et des princes russes. Le pauvre Jacquemont, sans la protection de lord Bentinck et les hauts personnages qu'il y rencontra, n'aurait pu y rester un mois, et la faim aurait fait chez lui l'ouvrage de la maladie de foie. Mais ce qui nous étonne profondément, c'est que, parmi les gens riches qui promènent leur ennui à Spa, à Bade et autres villes d'eaux et de jeux, mille fois plus connues que le boulevard de Gand, et moins amusantes, il ne s'en trouve pas qui aient l'idée d'aller passer la saison à Lahore, à Bénarès ou à Calcutta.

Il paraît que les millions, par la possibilité de tout faire, engourdissent l'imagination ; autrement, ne serait-il pas inconcevable que des jeunes gens doués d'une grande fortune se contentent, pour tout régal, d'avoir cinq ou six chevaux maigres dans leur écurie, une danseuse plus maigre encore dans leur petite maison, des voitures et des habits faits à Londres, et un appartement bourré, par un tapissier, de magnificences banales où l'on voit des tentures à 100 francs le mètre, et pas un tableau qui vaille 50 francs? Le riche, probablement, est comme l'avare ; il a le monde plié en billets de banque dans son portefeuille, et cela lui suffit ; il se figure l'Inde du perron de Tortoni ou de le Maison de conversation, ou plutôt il n'y songe même pas.

Heureusement, les Anglais, sachant que nous sommes trop pauvres ou trop casaniers pour jamais faire ce voyage féerique, ont mis l'Inde tout entière dans des caisses et l'ont apportée à l'Exposition ; ils se sont dit : « Ces petits Français moustacheux et barbus n'auront jamais les six mille francs que coûte l'East-India-Mail, mais ils auront peut-être les deux ou trois louis d'un train de plaisir, et il serait fâcheux que ces Athéniens de Paris, habiles à toutes ces drôleries de goût, d'art et de toilette, ne vissent pas ces merveilles, d'où ils tireront de bons modèles de tapisserie, de broderie et de joaillerie, qui nous serviront plus tard. » Et le gigantesque empire, berceau du genre humain, aujourd'hui province anglaise, a été rangé très-artistement et très-méthodiquement dans des cases et catalogué avec le même flegme que la coutellerie de Sheffield ou de Birmingham.

Nous avons donc pris le parti de faire cet immense voyage, entre un feuilleton et l'autre, au Palais de Cristal ; nous évitons ainsi les omnibus de la maison Waghorn et compagnie pour traverser le désert de l'isthme de Suez, le bateau à vapeur d'Aden et les cancrelas qui dégoûtaient si fort le prince S*** dans les steamers qui vont à Calcutta, sans compter les hépatites jaunes, les choléras bleus, les pestes mouchetées de noir, les crocodiles verts, les tigres rubanés, et autres fléaux pleins de couleur locale. Nous les aurions volontiers encourus, mais nous ne sommes pas maître en cette fantaisie.

Si nous disions que nous n'avons pas jeté un seul coup d'œil sur le reste de l'exposition, nous attirerions sur notre tête le mépris des industriels, des négociants, des utilitaires et des philistins de toutes sortes. Telle est cependant la vérité. Nous avons passé sans un regard à travers ce troupeau de monstres de cuivre et d'acier, mastodontes et mammouths de l'industrie, qui agitent leurs bras tronqués, soupirent avec leurs poumons de fer et semblent emprunter à la vapeur l'inquiétude et la respiration de la vie, dans cette agitation furieuse et froide qui ne connaît pas la fatigue, activité de la matière qu'on peut pousser à toute outrance sans manquer aux saintes lois de la pitié, car la matière s'use et ne souffre pas. Les bobines tournaient comme des danseuses ivres, disparaissant dans l'éblouissement de leur rapidité. Les pistons levaient et laissaient retomber leurs moignons avec un han plaintif, comme des bûcherons fendant un tronc de chêne; les poulies folles faisaient claquer leurs lanières de cuir et de gutta-percha; les roues crénelées se mordaient à belles dents, les laminoirs se frôlaient en sifflant, les soupapes clappaient de la langue, les ressorts faisaient jouer leurs nerfs et leurs détentes; tous ces esclaves métalliques et plutoniens inventés par le génie de l'homme travaillaient à qui mieux mieux sur notre passage. Ces machines nous criaient avec leurs grincements, leurs coups sourds, leurs sifflements aigus : « Moi, je fais la besogne de six mille fuseaux; moi, je remplace cinq cents marteaux de forgeron; moi, je trame le châle des Indes plus également qu'un ouvrier de Cachemire au seuil de sa cabane ; moi, j'enfante des machines qui travailleront à mon exemple ; moi, avec mes doigts de bronze, je ploie des enveloppes de lettres aussi habilement et aussi proprement que les ploierait une jolie femme aux doigts roses : seulement j'en fais en un jour assez pour cacheter tous les secrets d'amour, de diplomatie et d'affaires du monde. »

C'est ainsi que parlaient ces grands animaux de fer et d'airain aux formes hybrides, aux attitudes menaçantes, polypes qui semblent vouloir vous prendre dans leurs longs bras pour vous broyer et vous laminer ; ils paraissaient étonnés de notre indifférence. En effet, nous admirons plus que personne ces merveilleuses inventions de l'esprit humain, ces créations mathématiques qui, si elles n'ont pas la vie dont Dieu seul sait le secret jusqu'à présent, agissent du moins comme des êtres animés ; nous les admirons et nous les aimons, car chaque machine est un serviteur insensible, un nègre qu'on peut fouetter à toute vapeur jusqu'à ce qu'il éclate, ce qui est sa manière de se révolter. La machine relève l'homme et l'animal d'un labeur, d'une fatigue ou d'un ennui ; elle a déjà racheté le galérien de la rame, la bête de somme du charroi ; bientôt elle labourera à la place du bœuf, qui, s'il nous donne encore sa chair, au moins ne nous donnera plus ses sueurs et ses essoufflements sous le joug, qui font de son meurtre presque un fratricide. Elle file, elle scie, elle martelle, elle tisse à la place d'innombrables malheureux courbés sur leur métier ; et chaque jour le temps pour la pensée, la rêverie, l'étude, devient plus large et plus long. Quelques générations, hélas! périront sans pouvoir trouver place dans le nouvel ordre ; mais ceux qui viendront plus tard pourront faire des vers, peindre, combiner des inventions, chercher les secrets de la nature, qui aime à se laisser crocheter ses cadenas. Les esclaves de fer feront l'ouvrage ; la matière domptera la matière, et le travail de l'homme deviendra purement intellectuel.

Certes, ce n'est pas nous, poëte et penseur,

qui dédaignerons cette race de métal destinée à remplacer les prolétaires et à relever
l'homme de l'antique malédiction du travail
manuel; mais assez d'autres ont loué ces pro-
diges, et des voix plus savantes que la nôtre
en ont expliqué les mystères, pour qu'un peu
de caprice nous soit permis ; d'ailleurs nous
ne sommes pas de ces Janus dont le masque
tourné vers l'avenir a les yeux crevés, et qui
ne voient que par le masque tourné vers le
passé; nous ne poussons pas, au milieu d'un
siècle, le plus grand que les évolutions des
temps aient amené, des gémissements élégiaco-
romantiques, et nous comprenons, quoique
artiste, la beauté de notre époque, bien que
souvent la fantaisie nous ait poussé vers les
temps et les pays barbares où persiste l'individualité locale de l'homme.

Aussi, l'on comprendra cet enivrement,
cette infatuation que nous cause l'idée seule
de l'Inde. Depuis notre enfance, nous avons
regardé avec une curiosité avide et supersti-
tieuse toutes les gravures, tous les dessins,
tous les recueils qui se rapportent à cette

mystérieuse contrée où ont pris naissance, à
des époques qui se perdent dans la nuit des
temps et qui déconcertent toute chronologie,
les théogonies, les civilisations, les sciences,
les arts, les langues dont les nôtres ne sont
que les effluves et les dégénérescences. Quand
l'Égypte commençait, l'Inde était déjà vieille.
La Grèce n'avait encore pour habitants que
des sauvages tatoués comme les Ioways et les
Mohicans ; ceux qui furent plus tard les Athéniens étaient cannibales. Là, bien avant le
déluge, bien avant les règnes fabuleux de
Chronos et de Xixuthros, quand la terre,
jeune encore, s'épanchait en créations dithy-
rambiques et monstrueuses, comme un poëte
adolescent qui jette ses scories en strophes
démesurées, régnait, dans une nature d'une
exubérance folle, un panthéisme effréné.
Onze millions de dieux fourmillaient à travers les inextricables enlacements des forêts
vierges, effrayants et difformes comme toutes
ces races d'animaux disparus dont l'éléphant,
le rhinocéros, la girafe, le chameau, l'hippopotame, le crocodile sont les avortons, et

qu'ils rappellent sous des proportions moindres et des formes adoucies.

Que de fois en songeant à ce pays étrange, qui pour nous restera à l'état de chimère, nous nous sommes créé d'éblouissants mirages! que de fois nous avons escaladé les étages infinis de cette pagode de Djaggernath, dont les tours superposées s'enfoncent dans le ciel, comme une autre Babel qu'a respectée la colère de Dieu! que de fois nous avons pénétré, glacé par une horreur religieuse, dans les profondeurs insondées du temple souterrain d'Ellora, cathédrale en creux, moule et matrice d'où semblent sortir les innombrables édifices sacrés de l'Inde! que de fois nous avons erré dans ses dédales obscurs, cœcums architecturaux serpentant dans le ventre de la montagne, et dont la pointe de Piranèse serait impuissante à rendre les opaques terreurs et les noires perspectives ébauchées dans la nuit par un rayon livide, en nous répétant comme le refrain d'une litanie monotone le vers si magnifiquement caverneux de Victor Hugo :

Puits de l'Inde, tombeaux, monuments constellés !

Ah ! combien souvent, lorsque nos pieds foulaient lentement le ruban de bitume qui conduit de l'Obélisque à l'arc de l'Étoile, notre pensée se promenait dans les jungles, où le tigre, avec une pose de sphinx, lèche sa patte de velours de sa langue âpre comme une lime, et qui, même lorsqu'elle lèche, fait venir le sang ; sous les mangliers dont les branches pleureuses se replantent et se multiplient en innombrables arcades, en sorte qu'un arbre est bientôt un bois ; à travers les bambous que l'éléphant fait ployer en marchant comme de l'herbe sèche ; à l'ombre des monstrueux baobabs âgés de six mille ans comme le monde, et qui ont peut-être vu Adam sous leurs jeunes pousses, quand il avait pour maîtresse la dive Lilith et qu'Ève n'était pas née encore ; au milieu des colossales forêts vierges où s'enchevêtrent les arbres, les lianes, les herbes, dans un inextricable désordre de frondaison et de germination ; masses touffues, emmêlées, hérissées, croisées en tout sens, dont le soleil ne peut percer l'ombre séculaire, que fouette en plein jour l'aile des chauves-souris trompées par ce crépuscule éternel; chaos verdoyant où le cobra-capello siffle sous les joncs et les nénufars au bord des mares empoisonnées; où les singes, hideuses caricatures humaines, soldats dispersés de l'armée qui conquit Ceylan pour Rama, sautillent de branche en branche parmi les vols effrayés de perroquets et de kokilas; où le serpent boa, s'enroulant autour d'un palmier, s'amuse à faire d'un tronc droit une colonne salomonique; ah! combien souvent, répondant d'une façon distraite à la question d'un ami, nous descendions en idée les escaliers de marbre blanc de Bénarès qui conduisent au Gange, le fleuve sacré! Quelles silhouettes de villes prodigieuses nous nous sommes dessinées à l'horizon du rêve, sur les rougeurs d'un couchant fantastique, pagodes indiennes, minarets mahométans, dômes, coupoles, tours, toits en terrasse entre lesquels jaillissent des palmiers, longues bandes de murailles crénelées, portes triomphales, caravansérails, chauderies, tombeaux, colléges de brahmines, immense entassement de colonnes d'ordres inconnus, de monstres sculptés, d'énormités architecturales, comme Martynn sait en faire pressentir avec un éclair dans le sombre infini de ses gravures à la manière noire !

Aussitôt que nous eûmes débarqué à Londres, nous courûmes au Palais de Cristal, qui est lui-même une merveilleuse construction qu'on placerait volontiers dans l'Inde, au bord d'un de ces étangs consacrés où l'on nourrit les crocodiles des temples, ayant pour fond une de ces forêts dont nous parlions tout à l'heure, et soutenue par des terrasses de marbre blanc, sur les rampes desquelles des paons laisseraient traîner les constellations de leur queue ; il est d'une légèreté toute féerique et soutient vaillamment dans l'air ses millions de miroirs, enchâssés dans le cadre d'une frêle armature bleue et blanche ; sa façade, lamée d'argent et d'azur, s'épanouit comme un immense éventail ayant

pour bouton un cadran d'horloge ; car le
peuple qui a dit : « Le temps, c'est de l'argent, » veut toujours savoir l'heure, même
dans ses moments d'enthousiasme et d'oubli,
comme ces braves Chinois qui, même pendant l'extase de l'amour, gardent leur montre
à la main. Quand le soleil donne sur cette
colossale cage de verre, sur cette énorme serre
chaude de l'industrie qui englobe, avec les
mille chefs-d'œuvre du génie humain, de
grands arbres à leur aise là comme dans la
clairière d'une forêt, et seulement un peu
étonnés de ne plus recevoir la pluie du jour
et la rosée de la nuit : au mélange imprévu
des ombres et des lumières, aux éclairs et
aux murmures des fontaines jaillissantes, on
ne saurait méconnaître le génie de l'Inde,
approprié aux besoins de l'industrie anglaise.
Ni le Parthénon, ni le Panthéon ni la Mai-
son-Carrée, types ordinaires des constructions
modernes, n'ont rien à voir ici. Remplissez
de plantes équatoriales et tropicales ce grand
palais transparent, Lackmi et Parvati pourront y conduire le chœur brillant des Apsaras.

Ces écriteaux rouges historiés de lettres blanches sont les indicateurs de la route de l'Inde. Nous y voici : le chemin n'a pas été long.

Ces petits compartiments, c'est le sol de l'Inde, depuis ses profondeurs jusqu'à sa surface. Chacune de ces pierres, chacun de ces cristaux ou de ces fragments de métal représente une mine, une veine de terrain, une province, un pays, depuis le diamant jusqu'à l'argile. Il ne s'agit encore que des matières brutes, que des produits vierges auxquels la main de l'homme n'a pas encore touché, et déjà, rien qu'à la simple nomenclature, vous croyez voir ouvert devant vous l'écrin des Mille et une Nuits. Voilà du marbre primitif, du marbre serpentin, du jaspe rouge et jaune, des bois fossiles de Senva, des argiles plastiques jaunes et bleues, du kaolin blanc, des grenats de Kasning, du sable aurifère, des colliers de grains de nimluck, des cornalines unies et taillées, des pierres vertes, de la nacre, du sable à perle d'Ava, de l'ampélite taillée en boucles d'oreilles, des améthystes, des émeraudes, des saphirs, des yeux de chat, des hyalites, du lapis-lazuli, des agates de Nerbudda, des cailloux de la rivière Goane, des blocs bruts d'agate jaspée de Jasselmère, du fer de Calicut, du fer magnétique avec lequel se fait l'acier indien, de la houille de Mergni, du plomb de Shookpoor, de l'outre-mer de Bombay, sans compter les opales, les turquoises, les sanguines, les chrysobéryls, les calcédoines, les onyx, mille pierres radieuses qui toutes ont retenu une couleur de prisme ou un rayon de soleil pour étoiler la statue des dieux, les vêtements du rajah ou le corset de la bayadère.

Nous savons bien que toutes ces richesses sont enfouies sous la terre, éparses dans la vase des fleuves, cachées dans les veines secrètes des montagnes, et que là, comme ailleurs, le sol dérobe ces merveilles sous un manteau de poussière ou de végétation ; mais, malgré soi, il vous semble que la terre de l'Inde n'est qu'un vaste monceau de pierreries, un de ces entassements d'escarboucles où les califes puisaient à pleines mains. N'est-

ce pas de ce pays d'ailleurs que vient le Kohi-
noor ou montagne de lumière, le plus pur,
le plus gros morceau de carbone que le génie
des richesses souterraines ait eu le temps,
depuis le peu de siècles que ce monde dure,
de cristalliser au fond de son alambic mystérieux ?

Si la terre est un écrin, l'herbier est une
cassolette. Cannelle, macis, muscade, gingembre, opium, hachich, huile de rose, noix
de bétel, piment, sucre de datte, thé de l'Himalaya, aloès, safran, indigo de Salem et de
Madras, fleurs d'Hursinghar, tabac blond
comme la peau d'Amani la bayadère, fleurs
de Camboja, feuilles d'ananas, dont la fibre
fournit une fine soie végétale, tout cela ne
ressemble-t-il pas à cette montagne des aromates dont parle Salomon dans le *Sir Hasi-
rim ?* Un sol de diamants ne doit-il pas avoir
une végétation de parfums ?

Surexcitée par tous ces noms qui souvent
ne sont représentés que par des échantillons
desséchés et flétris, enfermés dans des fioles
ou des boîtes, l'imagination a bientôt fait

verdoyer en feuilles énormes et bizarres, s'épanouir en calices éclatants toutes ces fleurs et ces herbes mortes. Elles germent et végètent avec une activité incroyable, comme ce rosier des soirées magiques qui pousse à vue d'œil ; leurs odorants effluves embaument l'air. Les échantillons de bois reprennent leur écorce et se dilatent en forêts, les lichens jettent leurs balançoires d'un arbre à l'autre. Les cantharides tourbillonnent dans un rayon de soleil, et le bupreste mange le cœur de la rose du Bengale. Un paysage immense sort de ces étroits casiers.

Faudra-t-il beaucoup de peine pour rendre la vie à ces peaux de tigre clouées contre le mur et les faire bondir comme dans un roman de Méry? Ce grand monstre fauve rayé de noir, dont le mufle aplati conserve encore sa férocité, doit être un comparse de l'histoire d'Iléva. Peut-être est-ce Mounoussamy, le sauvage époux à formes d'éléphant, qui lui a planté cette balle entre les yeux, à moins qu'il n'ait été devancé par le spirituel et paradoxal Edwards Klerbbs. Que de pau-

vres péons il doit avoir dévorés sur les routes ! Et cette panthère noire de Java, sombre
comme la nuit, effrayante comme un chat
cabalistique, qui ne laisse briller dans l'im-
pénétrabilité des bois que deux phosphores-
centes prunelles de hibou ! En un bond, elle
va vous sauter sur les épaules et vous enfoncer
dans le cou ses dix poignards de corne ! Sans
être Cuvier, il est facile de reconstruire, à
l'aide de ces massacres aux cornes démesurées, le buffle hideux qui se cuirasse de vase
dans les flaques de pluie, sous les ramures
léthifères des opaques forêts de Ceylan.

Quand on a vu, sur ces jolis encriers et
ces charmantes boîtes peintes qui nous viennent des Indes, quelques-unes de ces chasses
vernissées où des princes en robe rose et à
figure de femme poursuivent des antilopes,
des daims mouchetés et des daims blancs,
avec des guépards pour chiens, on peut aisément ressusciter ces peaux mégissées et les
faire courir dans les rizières ou les plaines
de sable, autour de Madras ou d'Allahabad.
Ces trompes préparées, est-ce le nez de Ga-

nesa, le dieu de la Sagesse, que quelque mauvais plaisant, voltairien à sa manière, lui aura arraché dans un moment de belle humeur? Non; l'Indien dévot ne se permet pas de ces facéties : c'est bien la proboscide du monstrueux animal arrangée en tuyau de caoutchouc; ces lourdes défenses d'ivoire, qui semblent dérobées à ce cimetière où se rendent les éléphants millénaires pris de la pudeur de la mort, ces soies de sanglier ou de chèvre, ces nageoires de requin, ces nids d'hirondelle-salangane qu'un Chinois mettrait tout de suite en potage, ne forment-ils pas au bout de quelques minutes à l'œil de l'âme une ménagerie hurlante, glapissante, fourmillante, comme le bois dont il est parlé dans la pièce de *Nourmahl la Rousse* des Orientales?

Si vous le permettez, nous nous arrêterons aujourd'hui à Lahore, qui se dessine là-bas sous une cage de verre; une étape de trois mille lieues fatigue, même quand on ne la parcourt que la plume à la main.

Il est vrai que ce n'est pas Lahore elle-même, mais seulement le modèle de Lahore. Si vous regardiez la ville véritable par le gros bout de la lorgnette, vous obtiendriez l'effet du plan ; en regardant le plan par le petit bout, vous le grandissez et vous obtenez un effet satisfaisant.

Lahore noue autour de ses reins une ceinture de tours et de fortifications en style moyen âge orientalisé ; des fossés, dont l'eau verte a des caïmans pour grenouilles, font comme une frange verte à sa robe rouge ; car Lahore, comme Munich, est presque toute peinte avec ce rouge antique si cher au roi de Bavière. De ce fond sombre s'élancent, comme des mâts d'ivoire, les minarets des mosquées et les aiguilles fleuries des pagodes en albâtre ou en marbre. Dans les rues étroites fourmille un peuple innombrable, étrange et bariolé comme un rêve ; des formes que l'on croyait disparues avec le moyen âge revivent là dans une splendeur orientale. A chaque instant passent de longues cavalcades de cavaliers sykes, des caravanes de chameaux, des files de chariots dorés traînés par des bœufs bossus. Les frêles balcons étincellent comme des diptyques entr'ouverts, laissant apercevoir sous des formes humaines des ruissellements de pierreries et des miroitements de brocart. Les bayadères et les courtisanes, chargées d'anneaux, de bracelets, de pendeloques, de bijoux, de grelots, de paillettes, sourient aux passants, et mêlent leurs éclats de rire aux caquets des poules et des oiseaux suspendus dans des cages. Les éléphants avec leurs riches housses passent, élargissant des hanches les rues trop étroites, emportant avec le dos les arcades trop basses ou ruinées; ils se dirigent vers la chauderie; suivons-les, et asseyonsnous à la porte pour observer les mœurs et les costumes.

II

Non contente d'avoir apporté le sol, les plantes, les animaux, la Compagnie des Indes a exposé une ville tout entière, afin que l'on pût se faire une idée complète de son empire oriental. Elle a aussi transporté la population sous forme de petites maquettes de terre coloriée, modelées par les habitants eux-mêmes, qui font pénétrer intimement dans la vie des différentes castes.

Nous avons lu souvent les *Lettres sur l'Inde* du prince S***, et feuilleté son magnifique album. Nous voyons, dans le Palais de Cristal, la réalité de ces merveilles, qui nous semblaient chimériques, malgré la sincérité évidente du dessin. Ce n'est pas seulement dans les mises en scène d'opéras féeriques que ces magnificences existent, et les poëtes de l'Orient, qui font à tout moment des métaphores dont s'effarouche l'économie occidentale, qui remuent les pierreries par monceaux et battent des omelettes de soleils dans le moindre ghazel, dans le plus mince pantoum, ne sont, avec toute leur joaillerie tant reprochée, que d'exacts faiseurs de procès-verbaux. L'hyperbole est tuée d'avance par l'éblouissant éclat du vrai.

Voici un éléphant qui s'offre à vos yeux,

un éléphant empaillé, il est vrai ; mais si vous roulez en avoir un vivant, vous n'avez qu'à aller au *Zoological Garden*, où vous monterez sur son dos pour un schelling. Sa peau rugueuse, fendillée comme de la vase sèche, disparaît à demi sous un riche caparaçon de velours rouge quadrillé et frangé d'or ; son ront bombé est orné d'une ferronnière colossale, et de grosses houppes de soie pendent confusément de chaque côté parmi les plis de ses oreilles. Quelquefois ce frontail est orné d'énormes pierres fausses, émeraudes, rubis ou perles de verre, ou même de petits miroirs. Sur le dos de la bête s'élève une espèce d'estrade surmontée d'un pavillon soutenu par des colonnettes d'ivoire niellé de charmants dessins. Des coussins de brocart servent de siége au personnage qui se sert de ce mode de transport, prince indien ou employé de la Compagnie ; une place est ménagée derrière pour le domestique. Le cornac se tient assis sur le col du monstre, qu'il dirige à l'aide d'un crochet de fer. Le pavillon, en forme de dôme à double renflement, est tapissé de brocart d'or et d'argent, et bordé d'un effilé où la lumière scintille à éblouir. Quand un puissant rayon de ce soleil qui vit Bacchus et Alexandre tombe sur ce dôme aux phosphorescences métalliques, les yeux doivent se baisser comme devant l'astre lui-même.

Cet éléphant nous a fait penser aux grandes batailles de Lebrun. Celui qui était monté par Porus, ce géant écaillé qui lançait des flèches de six pieds de long, devait être harnaché ainsi, et cette vue vous plonge dans des rêveries d'antiquité où la mémoire se perd.

Si vous craignez de vous hisser sur cette montagne mouvante, qui pourtant s'agenouillera docilement devant vous pour vous faciliter l'ascension, entrez plutôt dans cet eka sculpté, peint, doré, aux roues massives, enjolivées d'ornements fantastiques et traîné par un petit bœuf à loupe et à pelage gris de souris, modèle naïf rappelant le chariot de terre cuite de la pièce de Vasantesena et les voitures que les enfants se taillent dans l'écorce des potirons; ou bien encore laissez-

vous bercer par le pas rhythmique des péons
dans ce somptueux palanquin aux brancards
d'ivoire, aux plaques d'argent repoussé, aux
rideaux de soie brochée et lamée d'or, où la
songerie doit être si douce, où le sommeil
doit arriver si aisément.

Quand on pense aux selles anglaises si
nues, si pauvres dans leur froide correction,
relevée, pour tout agrément, de quelques pi-
qûres, on reste épouvanté de la folie prodi-
gue de la sellerie indienne. Sur ces arçons et
ces troussequins qui confondent les formes
du moyen âge et de l'Orient, la fantaisie lu-
xueuse de l'ouvrier a semé les arabesques et
les pierreries avec une verve effrénée d'éclat.
Ce n'est pas une selle, c'est un joyau d'une
grande dimension, c'est un écrin avec des
étriers. Rien n'est assez précieux ; le velours
disparaît sous l'or, l'or sous les turquoises,
les grenats, les rubis et les diamants. Ne
croyez pas, d'après cela, à une richesse
lourde, à une opulence massive : l'art y vaut
encore plus que la matière ; le goût le plus
pur, le plus fin, le plus inventif, a ciselé,

guilloché, filigrané ces ornements infinis, si nets, si opiniâtrément suivis, malgré leur complication dédaléenne. Benvenuto Cellini, Henri d'Arfé, Vechte n'ont pas fait mieux dans leurs merveilleuses orfévreries. Et quelle admirable entente de la couleur ! comme un fil d'argent adoucit à propos l'éclat trop fauve de ce galon d'or ! comme un champ mat fait ressortir un filet bruni ! comme une pierre enchâssée avec bonheur rompt une plaque de lumière trop diffuse ! Les nuances les plus vives et les plus violemment opposées se marient sans effort dans un flamboiement général.

En posant en idée sur le dos de quelque vigoureux coursier du Scind ou du Népaul, à la queue et à la crinière teinte de henné, ces monceaux d'or et de pierreries, en y asseyant un Européen en bottes vernies, en pantalon noir, en habit à queue de morue, en chapeau à tuyau de poêle, on obtient une caricature tellement grotesque, l'écuyer fût-il le vicomte d'Aure, Baucher ou Victor Franconi, que l'on en rit involontairement tout seul, bien à tort, puisque les rajahs juchés sur ces selles fulgurantes ne sont que les serviteurs tremblants du premier Anglais en *water-proof*, nullement pittoresque, qui passa par là, préférant à toutes ces joailleries de Golconde le vrai diamant, le diamant noir de Cornouailles. Comment devaient être les selles de Gengiskan, d'Aurengzeb, de Timour, et des grands victorieux de l'Inde? De quels rayons de soleil et de lune, de quels scintillements d'étoiles étaient-elles passementées et constellées, puisque les selles des vaincus offrent encore de telles magnificences?

Parmi ces caparaçons d'un éclat éblouissant, il y en a un d'un caprice singulier, déjà tartare, presque chinois peut-être, tout papelonné d'écailles de dragon, roses, bleues et noires, comme certains écus héraldiques. Oh! que nous aimerions, sur un de ces chevaux blancs mouchetés de brun comme des léopards que l'on voit caracoler dans les chasses impossibles des paravents, bien assis dans cette selle qui semble faite de la peau d'une chimère, parcourir ces contrées non explorées sur lesquelles s'allonge l'ombre démesurée de l'Himalaya, cette extrême Inde qui se confond avec le Céleste-Empire par le Thibet et le royaume de Cachemire, où vole le grand papillon bleu, et où les romans de chevalerie du moyen âge plaçaient les empires fabuleux de leurs héros !

Quant aux brides, aux mors, aux têtières, aux frontails, nos langues du Nord sont trop froides, trop pauvres, trop mesquines, pour en décrire les somptuosités. C'est le moins que des coursiers de la race nedji mâchent l'or et l'argent dans leur bave plus blanche que l'écume qui baisait les pieds de Wishnou endormi sur la feuille de lotus au milieu de l'océan d'immortalité.

Quel spectacle qu'une cavalcade ainsi montée, s'élançant des portes de Lahore au milieu d'un nuage de poussière lumineuse ! Nous croyons, quel que soit notre respect pour la civilisation, que la promenade des gentlemen sur leurs hacks, leurs poneys et leurs pur-sang bai-cerise, à six heures du soir, dans Hyde-Park, le long de Serpentine-

River, doit être infiniment moins pittoresque.

Si cette chevauchée à dos d'éléphant, en chariot, en palanquin et en selle, bosselée d'ornements d'or, vous a fatigué quelque peu, voici, pour vous reposer, un lit en velours incarnadin chimériquement historié d'or, sous un dais de brocart porté par des colonnes d'ivoire et de vermeil ; des chasses-mouches aux manches d'or, miraculeusement ciselés, sont placés à côté de l'oreiller de toile d'or, prêts à faire envoler l'insecte qui troublerait votre sommeil. Un tapis d'or entoure cette couche, qui semble descendue sur terre du paradis d'Indra pour bercer le corps de Sacountala ressuscitée. Si vous avez peur de faire tache au milieu de cette magnificence, comme un grain de sable sur le soleil, asseyez-vous tout simplement sur ce fauteuil sculpté dans des défenses d'éléphant, ou sur cette chaise longue en marbre de Rajpootana, découpée comme une guipure, fenestrée comme une truelle à poisson, et rappelant les plus délicates arabesques de l'Alhambra, que vous offre le rajah Anund Nath, roi de Nat-

lore. Vous serez plus fraîchement sur ce froid
et blanc canapé, dans cette salle ventilée par
les ponkas toujours en mouvement, aux fenêtres fermées de nattes de jonc arrosées
d'eaux odoriférantes, aux soupiraux treil-
lagés de feuilles d'albâtre frappées à jour par
l'emporte-pièce de la patience, comme les
dentelles de papier de nos boîtes de dragées ;
là vous pourrez fumer dans ce bhouka d'argent, émaillé et ciselé, le tabac mélangé de
benjoin, de confitures et de roses, entor-
tillant votre bras des longs anneaux du tuyau
flexible, comme une Cléopâtre jouant avec
l'aspic ; mâcher le bétel qui empourpre les
gencives, prendre le thé de Kemaon et d'As-
sam dans des tasses enveloppées de filigrane,
ou bien encore, si vous trouvez un adversaire
de votre force, faire une partie avec ce jeu
d'échecs en agate, dont les cavaliers chevau-
chent des éléphants.

Mais c'est assez se reposer ; les éblouissements ne sont pas encore finis. Si vous ne
sortez pas aveugle du Palais de Cristal, ce
ne sera pas la faute de l'Inde ; mettez des lu-

nettes de verre noir comme pour regarder une éclipse, et plongez l'œil dans ces armoires, vestiaires des fées, des péris et des apsaras. Les cachemires passent en Europe pour des tissus somptueux. Une femme se croit riche lorsqu'elle peut en enfermer une demi-douzaine dans son coffre de palissandre. Là-bas, l'on en fait des rideaux de lit, des tentures d'appartement, des tapis de table ou de pied ; ils remplacent, pour les tentes, la toile ou le coutil grossier. En voilà pourtant cinq ou six admirables, bleus, rouges, noirs, verts, avec des palmes de trois pieds de haut, si souples qu'ils font des plis comme une draperie de Phidias, si fins qu'ils passeraient par une bague ; là, ils ne servent que d'ombre au tableau.

On ne commence à les regarder que lorsque les palmes sont d'or et les fleurs de perles, et que le fond écarlate se constelle de disques éclatants de broderie : mais ils pâlissent bien vite à côté de ces étoffes rayées en long, en diagonale, qui mêlent à leurs splendeurs des tons si fins que Rubens, Paul Véronèse, Delacroix n'y sauraient atteindre ; finesse ardente, fraîcheur embrasée, nuances flamboyantes et tendres, harmonies dans le tumulte ; il y a là des fonds saumon, topaze brûlée, pétales de fleur recouverts d'émail ou de paillon, dont aucune langue ni aucun pinceau ne saurait donner l'idée ; des draps de Kirpoor, des soieries d'Agra, des broderies du Moultan, des brocarts de Borhanpor et d'Ahmedabad, des gazes de Trichinopoli, des rubans de Célèbes, des écharpes de Sumatra, des châles de Lahore pour ceinture et pour turban, à rendre la coquetterie folle.

Tantôt ce sont de larges bandes d'or, fleuves de lumières qui ruissellent en miroitant entre des rives d'améthyste, de rubis et de saphir ; tantôt un mince fil étincelant serpente dans la trame grenue qu'il égratigne d'une traînée de points phosphorescents ; ici l'argent pleut et fourmille en paillettes estampées sur une gaze d'azur qui frissonne et tremble comme un ventre de poisson au soleil, ou comme une eau au clair de lune ; là une dentelle d'or, plus fine que la maline ou la valencienne, laisse rougeoyer un fond de paillon pourpre ; plus loin, l'argent et l'or font combattre leur éclat blanc et jaune sur un champ de bataille rose. Mais quel rose ! un rose idéal, un rose d'intérieur de clochette à l'heure de la rosée ! Partout l'or scintille en paillettes, en mouches, en filigrane, en fleurs, en étoiles, en pasquilles, en effilé, en fanfreluches ; il y a des moments où cela touche au délire.

On dirait que le luxe indien a voulu engager une lutte directe avec le soleil, avoir un duel à mort avec la lumière dévorante de son ciel embrasé ; il essaye de resplendir d'un éclat égal sous ce déluge de feux ; il réalise les merveilles des contes de fées ; il fait des robes couleur du temps, couleur du soleil, couleur de la lune ; métaux, fleurs, pierreries, reflets, rayons, éclairs, il mélange tout sur sa palette incandescente. Dans un tulle d'argent il fait palpiter des ailes de cantharides, émeraudes dorées qui semblent voler encore. Avec les élytres des scarabées, il compose des feuillages impossibles à des fleurs de diamant. Il profite du frison fauve de la soie, des nuances d'opale du burgau, des moires splendides et de l'or bleu du paon. Il ne dédaigne rien, pas même le clinquant, pourvu qu'il jette son éclair; pas même le cristal, pourvu qu'il jette son feu. Il faut qu'à tout prix il brille, il étincelle, il reluise, qu'il lance des rayons prismatiques, qu'il soit flamboyant, éblouissant, phosphorescent. Il faut que le soleil s'avoue vaincu.

Ces ouvriers, c'est-à-dire ces grands artistes, seraient gens à vouloir tisser la lumière électrique, s'ils la connaissaient : et dans ces irradiations, ces effluves, ces feux croisés, ces folles bluettes, ces iris, ces feux follets du spectre solaire qui dansent sur ces écrins tramés, sur ces mines de Golconde et de Visapour taillées en robes, en châles, en turbans, en écharpes, jamais le dessin ne se perd une minute, jamais l'ornement qui circule à travers ces incendies n'altère son élégance ou sa légèreté; tracé sur un papier par une simple ligne noire, il ne serait pas moins précieux. L'on ne pourrait pas dire à l'ouvrier indien comme au mauvais peintre d'Athènes : « Ne pouvant la faire belle, tu l'as faite riche. »

Les mousselines ne sont pas moins admirables dans leur blancheur transparente ; c'est du vent filé, de l'air tissu, de la brume condensée. Quels plis fins, quelle souplesse ! elles n'habillent pas, elles caressent comme un baiser les corps qu'elles enveloppent. Les unes sont tout unies, et ce ne sont pas les moins belles ; les autres ont çà et là une étincelle d'argent ou d'or, une feuille de rose du Bengale ou une aile verte de bupreste arrêtée dans leur trame. Comme elles doivent voler légèrement, ces longues écharpes blanches piquées de point de lumière, sur le corset de pierreries des bayadères qui, ivres du parfum des fleurs de Siricha, suspendues le long de leurs joues brunes, s'avancent en tourbillonnant devant la procession de la trois fois sainte Trimurti, dans les rues d'Hyderabad ou de Bénarès ! Comme elles doivent boire sur le corps poli de Vasentasena les pleurs sacrés du Gange au bas des terrasses de marbre !

Les toiles d'ananas et d'aloès, les indiennes, les cotonnades, les madras, les soies flambées, les corans, les chittes dont parle Bernardin de Saint-Pierre, les tissus les plus ordinaires, ont un éclat et une douceur de ton inconnus chez nous.

Nous avons parlé un peu ici de tissus simples, de productions moins rares, pour faire trêve à ce feu d'artifice de mots, à ces bombes lumineuses de métaphores, à ces pluies d'argent et d'or, d'adjectifs et de comparaisons auxquels nous sommes obligé d'avoir recours pour éveiller dans l'idée de ceux qui nous lisent une image effacée et confuse des féeries que nous voyons. Mais nous voici déjà repris au collet par la magnificence. Quoique nous n'ayons donné à boire à aucune vieille, nous sommes dans la position de la jeune fille du conte de Perrault ; nous ne pouvons ouvrir la bouche sans qu'il en tombe aussitôt des pièces d'or, des diamants, des rubis et des perles ; nous voudrions bien de temps en temps vomir un crapaud, une couleuvre et une souris rouge, ne fût-ce que pour varier : mais cela n'est pas en notre pouvoir.

Sous une vitrine resplendissent à deux pas de là d'incalculables richesses : ni le souterrain d'Aladin, ni le puits d'Aboulcasem, ni le trésor d'Haaroun-al-Raschid avec son paon de pierreries, son arbre d'or, ses masses d'ambre jaune et son éléphant de cristal de roche, n'ont contenu plus de merveilles. Le Durrial-Noor forme le centre d'une constellation de diamants montés en bracelet. Son nom de mer de lumière est des plus mérités, il fulgure d'un éclat sans rival. Quelle reine, quelle Impéria ne rêverait pas pour son bras d'albâtre ce volcan de lumière? Ces deux cent vingt-quatre perles d'un orient parfait, aussi grosses que celle fondue par Cléopâtre à son souper, au collier de quelle Néréide de l'océan Pacifique le plongeur intrépide les a-t-il arrachées sous des voûtes d'algues marines et de corail? Quel est cet énorme joyau, ce lingot d'or qui le disputerait à celui de la loterie parisienne? C'est une selle : mais, comme l'or massif a paru trop vil, on l'a fait disparaître sous une croûte de diamants, d'émeraudes et de rubis, médiocre magnificence à côté de cette robe de perles et de cette ceinture d'émeraudes d'un chef sycke.

Une robe de perles, entièrement de perles, nous ne connaissons que la vierge de Tolède qui en ait une semblable dans sa garde-robe de Notre-Dame ; encore dit-on qu'elle a été apportée du ciel par les anges. Quant à ces diadèmes, à ces plaques bosselées de boules de filigrane, à ces ornements en fil d'argent, à ces lutchkas émaillés, à ces chaînes, à ces guirlandes d'or et de pierres, ce n'est pas la peine d'en parler. Remarquons seulement, bizarrerie locale parmi tout ce luxe, ce bracelet tissé en cils d'éléphant.

Qui l'aurait cru ? l'éléphant a les cils les plus beaux, les plus longs, les plus soyeux du monde. Nous notons avec joie ce terme de comparaison nouveau aux jeunes poëtes qui font pour leurs maîtresses des orientales à la façon de Victor Hugo, de Ruckert ou de Freiligrath.

Vous vous croyez quitte maintenant avec les pierreries. Nullement, car des joyaux vous

allez tomber aux armes ; et pour l'Indien,
l'arme est un prétexte à damasquinages, cise-
lures, sculptures, incrustations de toutes sortes : l'or, l'argent, le burgau, la nacre, le corail, les diamants, les turquoises et les perles
laissent à peine soupçonner le fer. Peut-être
peut-on aussi se tuer avec ces bijoux, mais ce
n'est qu'une question subsidiaire. Ces cottes
de mailles, fines toiles d'acier moirées d'or,
ces casques aux formes étranges, capricieuses, ces boucliers de peau d'hippopotame ou
de rhinocéros, incrustés d'écaille de tortue,
constellés de boules de métal, ces épées aux
poignées ciselées à jour, où la main d'une
jolie femme entrerait à peine, tellement les
peuples orientaux ont les extrémités délicates, ces flèches mogoles barbelées, ces kriss
malais ondulés comme des flammes, empoi-
sonnés dans le suc de lupa et munis d'hameç-
çons pour ramener les entrailles de la victime, ces hallebardes dentelées, découpées
en croissant, ces masses d'armes garnies de
chaînettes et de pointes, rappellent involontairement les formes et les habitudes de

guerre du moyen âge. Il y a bien aussi quelques arquebuses à rouet, quelques mousquets
à mèche, et même aussi un canon fantasié
en chimère, qui se termine par une gueule de
dragon d'un goût chinois; mais le tout relève
plutôt du joaillier que de l'armurier. Ce goût
des pierreries est si fort aux Indes que, non
content d'en mettre partout, on en met en
bouteille. Non-seulement on s'en pare, mais
encore on en boit. Il y a du vin rouge de rubis, du vin blanc de perle, qui est fort comme
du vitriol et coûte 300 fr. le flacon. Cette dé-
licatesse, vous le concevez, est réservée aux
rajahs et aux nababs.

« Mais, allez-vous dire après le récit de
ces incroyables profusions, tout le monde est
donc riche, là-bas? » Hélas! non. Cette robe
de perles est tissée de la nudité d'une province. Cent mille Hindous boivent de l'eau
pour qu'un rajah boive du rubis fondu. Des
millions d'individus, parqués fatalement dans
la caste d'où ils ne peuvent sortir, vivent
d'une poignée de riz, d'un régime de banane,
et n'ont pour ornement sur leur peau hâlée

que des tatouages et des stigmates de bouse
de vache. Chaque caste, sortie d'une partie
plus ou moins honorable du corps de Bramah,
garde sa hiérarchie inviolable, que la domination anglaise n'a pu altérer. Le brahmine
et le tchâtrya, c'est-à-dire le prêtre et le guerrier, sont tout ; les marchands et les labou-
reurs ne sont rien, même à leurs propres
yeux. Aussi voyez avec quelle douce résignation fataliste, demi-nus sous la morsure du
soleil, ils labourent avec leurs charrues de
bambou, puisent de l'eau à leurs spiccotahs,
conduisent leurs chariots primitifs, attelés de
bœufs bossus, travaillent courbés dans leurs
rizières ou trament, accroupis devant leurs
métiers faits de quelques roseaux assujettis,
des châles, chefs-d'œuvre de patience et de
génie obscur qui font l'admiration de l'Europe savante.

Toute leur misérable vie est racontée naturellement et sans emphase dans ces naïfs
petits groupes de terre cuite, Inde complète
en miniature. Regardez ces modèles des pagodes de Sheerungum et de Nagasorum,

cette cour de justice européenne et indigène ; ce percepteur qui va lever les revenus de la Compagnie dans un village de cultivateurs, pauvres huttes aux formes étranges, disséminées sous des figuiers d'Inde et de nopals ; ces filets pour la pêche, ces embarcations aux noms barbares, Buglo, Naadoe, Gongo, Muchoo de Cutch, bateau-serpent de Cochin, catamaran de Madras, Bugalo, prahuslanum, ou corsaire de Mindanao, bateau de plaisir et de musique ; étudiez ces instruments que Berlioz critiquerait sans doute amèrement, mais qui, s'ils sont peu agréables à l'oreille, sont du moins charmants à l'œil : guitare, timbales, farindah, tomtona, tambour de papier de riz, flûtes, sambueques, harmonica de gongs à timbres variés.

Rien ne manque à l'immense collection, ni les grossières cartes à jouer, ni les poteries aussi pures de galbe que les plus beaux vases étrusques, ni les images sur verre de dieux à trois têtes, à six bras, les uns bleus, les autres roses ou jaune-serin ; ni les manuscrits ressemblant à la fois à des parterres de fleurs et à des tracés d'ornements, tant les lettres sont belles et les couleurs vives; ni les jouets d'enfant, ni les ombres chinoises, caricatures pantagruéliques, exagération grotesque de la difformité des idoles; ni les nattes, admirables mosaïques de jonc ou de paille; ni les babouches en or ou en argent, en maroquin, en velours, en soie, en chagrin, en fibres d'aloès, avec des paillettes, des broderies, des houppes et des fanfreluches, à désespérer Rhodope ou Cendrillon.

Le côté hideux de l'Inde n'est pas même caché; des pénitents suspendus en l'air par des crocs passés sous les muscles des omoplates accomplissent une ronde aérienne en l'honneur de l'idole de Jaggernath. Plus loin, des thugs étrangleurs sacrifient à Durga, la femme monstrueuse de Shiva, le dieu de la destruction, les victimes qu'ils peuvent surprendre. Les thugs figurent à l'Exposition autrement que d'une façon plastique. Quelques membres de cette secte fanatique et farouche, amenés à résipiscence par des missionnaires anglais, occupent dans leur prison à des travaux d'industrie leurs mains qui ne savaient que serrer des gorges râlantes. Ils ont fait, sur un dessin évidemment européen, un immense tapis à fond grisâtre, souillé d'ornements noirâtres et rougeâtres, ressemblant à des brûlures et à des taches de sang mal essuyé, de l'aspect le plus funèbre et le plus sinistre. C'est aussi laid qu'un tapis anglais naturel. Quel supplice cela a dû être pour ces pauvres thugs, amoureux de beaux dessins et de couleurs harmonieuses, de tisser cet abominable tapis expiatoire ! N'eût-il pas été plus humain de les jeter dans le puits sur le corps de leurs victimes, que de les faire travailler à cet ouvrage de quaker ou de frère morave (1) ?

(1) Cette étude ainsi que la suivante est extraite de *Caprices et Zigzags*, 1 vol. in-12, Hachette et Cie, éditeur.

LES BARBARES MODERNES

A L'EXPOSITION UNIVERSELLE DE LONDRES.

L'Inde, avec ses industries qui ont l'air de
poésies et de contes de fées mis en œuvre par
le génie de la patience, n'est pas la seule
contrée *barbare* qu'on puisse visiter à l'Exposition. Ceylan, l'île ombreuse pleine d'éléphants, de rhinocéros et de singes, et dont
les forêts impénétrables cachent la pagode
où se conserve dans des masses d'or la dent
pourrie de Bouddah, ce palladium de l'Inde
maintenant possédé par les Anglais, a envoyé
aussi ses sauvages échantillons : des ivoires,
des cornes de buffle, des bois de cerf, des nids
d'oiseaux, des épices et des aromates, des
minéraux et des pierres précieuses, des perles
et des mousses de Jaffna, de minutieux ouvrages d'un goût exquis et d'une perfection

puérile, petites merveilles sculptées sur ivoire, ébène, noix de coco, coquille d'œuf ; des corbeilles, des boîtes en corne, en écaille, en paille ; des tissus en fibres d'aloès ou de plantain ; des dentelles d'or et d'argent plus délicates que des réseaux d'araignée ; des coutelleries féroces rappelant les kriss malais ; des modèles de voitures et de palanquins ; des pagodes en miniature venant de Columbo, des arrosoirs à parfum, des nattes de mille couleurs aussi fines que les étuis à cigares de Manille, toutes ces industries naturelles où excellent les nations primitives.

Si ce n'était un sacrilége de placer ici les îles Ioniennes, ces perles du collier de la Grèce égrenées sur l'azur des mers, et de ranger sous cette étiquette le pays pour qui jadis toute la terre fut à bon droit barbare, nous dirions que Zante, Céphalonie et Corfou sont représentées au Palais de Cristal par une robe grecque d'un travail charmant, des bracelets d'argent qui portent, écrites dans ce caractère qui est celui de l'Iliade deux inscriptions : « Je serre comme l'amitié sans fraude » et : « Qui me porte est sensible » ; par des taktikos, des écharpes, des mouchoirs rayés d'or et de couleurs vives, et des tabliers que font au crochet les paysannes d'Ionie, et qui égalent en complications délicates les ouvrages de ce genre les plus admirés en France et en Angleterre, où tant de femmes amusent à ce frêle travail, dans le loisir de la vie du château, leurs minces doigts aristocratiques. Nous nous souvenons d'avoir acheté en Afrique, presque pour rien, des merveilles semblables exécutées par les pauvres femmes kabyles. Des sacs brodés, des sachets, des portefeuilles, et autres menus bijoux, complètent cette exhibition touchante.

Ces îles sont maintenant des colonies anglaises. La Grèce bavaroise, puisque c'est un Allemand qui règne dans Athènes, n'a que du tan, de la garance, de la soie, du miel de l'Hymette, s'il vous plaît, et du marbre de toute espèce, comme il convient à la patrie d'Ictinus, de Nicias, de Phidias, de Praxitèle, à la terre sacrée des grands architectes et des grands sculpteurs ; du marbre blanc pour les corps des dieux et des déesses, du marbre couleur de chair où Alfred de Musset pourrait tailler « ses trois marches de marbre rose », du cipolin, du porphyre serpentin, du porphyre vert, du pentélique, du paros, de l'albâtre, des brèches jaunes et violettes. Chose bizarre et cependant bien naturelle, Messène a envoyé une pierre lithographique. N'y a-t-il pas, entre ce nom antique et cette invention toute moderne, un contraste qui fait sourire et qui fait rêver? Milo, l'île heureuse qui a laissé jaillir de son sein, après un sommeil de deux mille cinq cents ans, la plus radieuse réalisation de la beauté, le plus admirable poëme de la forme qu'ait chanté la divine statuaire antique, apporte à l'Exposition de la pierre de savon pour enlever les taches de graisse, en sorte que, si sa Vénus avait les bras qui lui manquent, elle vous saisirait au collet pour essayer sur votre habit la puissance de son détersif.

Il y a aussi des productions de l'Afrique occidentale et orientale. De la soie grége, des bracelets d'ivoire et de verre, des flèches em-

poisonnées, des arcs, des boucliers, des pipes, des poteries, des calebasses, des instruments de musique sauvage, violons et guitares faits avec des calebasses, des nattes, des
pagnes, des guinées, des cartouchières, des
serrures du Cap-Vert, exactement pareilles à
celles dont se servaient les Égyptiens il y a
quarante siècles, la défense de l'éléphant fétiche, les robes d'uniforme du corps d'ama-
zones qui garde le roi de Dahomey, des bouteilles de cuir contenant de la teinture pour
les paupières, des sacs renfermant des copies
du Coran, des amulettes portées en Gambie,
des ornements de corne sur fond de soie à
l'usage des femmes, des pièces d'étoffe obtenues en effilant des soieries d'Europe tramées
de nouveau, le trône d'un roi nègre, et mille
autres singularités barbares d'un goût charmant et curieux.

Le Canada, qui fut autrefois une terre française, arrive avec ses échantillons de bois et
ses pelleteries, comme un forestier et un
chasseur qu'il est : il a des patins et des traî-
neaux pour courir sur la neige, des canots

d'écorce de bouleau, que l'on peut porter d'une rivière à l'autre, et qui rappellent involontairement Uncas et Chingakook ; des houseaux pour la pêche ; des mocassins en peau de daim brodés finement en piquants de hérisson coloriés ; des manteaux de peau d'ours, de loup et de renard, et des bottes fourrées pour vous garantir du froid lorsque les attelages de chiens ou d'élans vous emportent avec la rapidité de la flèche par les immenses plaines blanches ; des haches pour abattre dans les forêts l'érable et le noyer noir ; toute une industrie agreste et robuste qui sent le voyage, la vie en plein air, les courses énormes à la poursuite d'un daim, d'un bison ou d'un renard, et qui vous remet en plein dans les odyssées indiennes de Fenimore Cooper, et vous fait penser à ces aventureuses existences de trappeurs dont Natty-Bumpo, dit Bas de Cuir, résume en lui le type original.

La Turquie, bien qu'elle commence à se *civiliser*, dans le mauvais sens du mot, a une exposition riche, éclatante et nombreuse.

Dans tous les pays soumis à l'islamisme, l'art proprement dit ne saurait exister. Le Coran défend comme une idolâtrie la représentation de la figure humaine et même de tout être vivant. Cette défense annihile d'un coup la statuaire et la peinture, surtout en y joignant la réclusion de la femme, l'idéal visible. Elle a toujours été religieusement suivie, sauf quelques exceptions chez les sectes dissidentes, en Perse, par exemple. Ce qu'un ancien abonné du *Constitutionnel* appellerait « le progrès des lumières » n'a produit aucun changement sur ce point. Nous avons vu dans le palais du bey à Constantine des vues de villes saintes, des siéges de places fortes où les combattants étaient supprimés et où les pièces d'artillerie jouaient toutes seules. Rien n'était plus singulier que ces batailles sans soldats et ces bombardements solitaires.

Les vues de cette espèce sont très-nombreuses à Constantinople. Une superstition bizarre renforce le préjugé religieux, et les musulmans disent aux artistes francs qu'ils voient occupés à dessiner ou à peindre : « Que

répondras-tu à ces figures au jour du jugement dernier, lorsqu'elles te demanderont
une âme ? » En Algérie, beaucoup d'Arabes
ont la croyance que tout homme dont on fait
le portrait meurt inévitablement dans l'année. Mais l'art est plus fort que les préceptes
antihumains d'un illuminé ou d'un fanatique
plus ou moins consciencieux ; ce désir si naturel de faire une création dans la création
ne peut être arbitrairement supprimé. L'idéal
tourmente des natures même les plus grossières. Le sauvage qui se tatoue, se barbouille
de rouge ou de bleu, se passe une arête de
poisson dans le nez, obéit à un sentiment
confus de la beauté. Il cherche quelque
chose au delà de ce qui est ; il tâche de per-
fectionner son type, guidé par une obscure
notion d'art : le goût de l'ornement distingue
l'homme de la brute plus nettement que
toute autre particularité. Aucun chien n'a
l'idée de se mettre des boucles d'oreilles, et
les Papous stupides, qui mangent de la
glaise et des vers de terre, s'en font avec des
coquillages et des baies colorés.

L'interdiction de Mahomet, qui semblait devoir tuer à jamais l'art chez les nations musulmanes, n'a fait que le déplacer. Les païens et les catholiques ont donné une place immense à l'homme dans leurs créations plastiques ; les musulmans se sont développés dans le sein de l'ornementation et de la couleur : ils ont appliqué leur génie à l'invention d'arabesques compliquées, où les lignes mathématiques, décomposées à l'infini, produisent des combinaisons toujours nouvelles et toujours charmantes. On ne saurait imaginer, quand on n'a pas vu les stucs découpés qui plaquent les murs de l'Alhambra, quelle variété, quelle fécondité le génie humain peut atteindre dans un espace aussi fatalement circonscrit : des angles, des carrés, des ovales, des lignes brisées sous diverses incidences forment, avec quelques fleurs et des lettres arabes, une création abstraite, puisque rien n'y rappelle la vie, d'une élégance, d'une richesse et d'un charme surprenants. Là, tout est imaginaire, inventé, tiré de rien, les types de cette ornementation n'existant pas dans la nature, et les formes ornementales n'étant que dans des formes mathématiques rhythmées. Plus d'un Arabe ou d'un Turc, qui peut-être aurait été Michel-Ange ou Raphaël sous une autre religion, a dépensé des facultés immenses à l'invention ou à la déduction de ces merveilleux dédales qui servent à exprimer des rêves d'infini tout aussi bien que la Madone ou le Pensiero.

Privés du dessin proprement dit, les Orientaux ont acquis une prodigieuse finesse de coloris. Leurs facultés artistiques, comprimées à d'autres endroits, se sont singulièrement développées en ce sens; personne ne les a jamais égalés dans l'art de rompre les nuances, de les marier, de les contraster, de les employer par masse ou par filets, de les proportionner dans une eurhythmie infaillible. Le moindre teinturier de Damas, le moindre tisseur de tapis de Smyrne en sait plus sur les couleurs que M. Chevreul avec ses travaux chimiques et ses roues bariolées. Nous ne pouvons associer deux couleurs sans qu'aussitôt elles se mettent à hurler, et encore nous faut-il, par ces accouplements qui réussissent si mal, consulter scientifiquement les affinités prismatiques. Ce doit être cette impuissance confusément sentie qui nous a poussés à adopter les teintes neutres de notre uniforme noir. Notre costume contient l'aveu implicite de nos disgrâces dans ce genre. Nos bleus sont si crus, nos rouges si durs, nos jaunes si criards, nos roses si vineux, nos verts si malsains, que nous avons renoncé à les employer, et qu'ils donnent quelque chose de *commun* à quiconque ose les porter. Désespérant de l'harmonie, nous nous sommes jetés dans l'effacement, et nous avons évité, par un deuil général, ces contrastes qui grincent à l'œil, et que nous ne savons pas ménager. Et cependant voyez un Turc vêtu de l'ancien costume oriental; malgré la diversité des couleurs, le papillotage des détails, l'éclat des broderies d'or et d'argent, il reste toujours harmonieux, et charme l'œil comme un bouquet. Faites exécuter les pièces de ce costume par les ouvriers européens les plus habiles, vous produirez un affreux charivari de tons pleins de dissonances et de notes fausses. Nous dirons tout à l'heure pourquoi, en résumant nos idées sur l'art, le goût et l'industrie des barbares.

Il y a une notable différence entre le goût turc et le goût indien. Une rapide inspection des vitrines qui contiennent les produits des deux pays vous la fait sentir tout d'abord. On comprend qu'on est en présence de deux civilisations, ou, si vous l'aimez mieux, de deux barbaries différentes. L'énorme panthéon des dieux hybrides se réfléchit dans l'art indien par un fourmillement lumineux et une multiplicité touffue qui ne se retrouve pas dans l'art mahométan, plus sobre, plus contenu, sur lequel plane un dieu solitaire et jaloux, Allah, l'iconoclaste qui ne veut voir son image nulle part. L'Inde, même dans sa beauté, a nous ne savons quoi de monstrueux, d'excessif, de démesuré, que n'ont ni l'Espagne, ni la Turquie ni l'Afrique de l'islam, toujours réglées, même dans leurs excès fastueux, par une sorte de goût relatif. On n'y voit pas ce vertige de somptuosité folle, cette débauche effrénée de splendeur, cette rage insensée de lumière qui caractérise les gigantesques prodigalités indiennes, et cette confusion de tous les éblouissements de la nature, couleurs étincelantes, or, argent, diamants, perles, fleurs, nacres, ailes de scarabées entassés sur le même vêtement, comme si celui qui le porte voulait s'assimiler l'univers et sentir toute la création palpiter sur ses épaules.

Nous ne nous arrêterons pas aux produits naturels, tels que cardamome, myrrhe, santal, baume de la Mecque, sésame, tabac de Latakié, henné, sassafras, opium, jujube d'Égypte, eaux de rose, de miel, de violette, de jasmin, anis, cumin, cire jaune et blanche, vins de Damas, de Smyrne et de Konieh, bus sans doute par ces chiens de giaours, et nous réservons l'espace qui nous reste pour les œuvres de la main humaine.

Le luxe, pour les Orientaux, se concentre dans les armes, les habits, les harnais de chevaux, les pipes et tout ce qui est en contact direct avec l'individu. Leur vie se complique de beaucoup moins d'ustensiles que la nôtre. C'est un mélange de magnificence et de simplicité : un tapis, un divan bourré de coton composent l'ameublement de ces personnages splendides, aussi richement habillés que le paon. Un cavalier porte sur lui et sur son cheval toute sa fortune, et tel a une selle de dix mille francs qui couche par terre sur un rouleau de natte et se nourrit d'une poignée de riz ou de dattes. Le confortable, qui serait peut-être une gêne dans les pays chauds, n'existe pas pour eux ; la beauté y passe avant la commodité.

Aussi cette exposition turque, qui vous transporte en plein Londres dans le bezestan de Constantinople, a-t-elle l'air du vestiaire d'un conte oriental. Ce ne sont que velours, satin, soies rayées, brocart d'or ou d'argent, mélanges des couleurs les plus fraîches et les plus tendres, gazes lamées, mousselines scintillant sous une pluie de paillettes, pantoufles, blagues à tabac, sachets brodés ; à chaque instant l'écarlate disparaît sous l'or, l'azur sous l'argent, et des fleurs de pierreries s'épanouissent sur des champs de lumière : voilà des machlas de Damas, des zébrures

splendides, des katmarias de soie brochés d'or,
des draps de lit et des serviettes de bain fran-
gés d'argent, des gants en or et en perles que
nous préférons, pour notre part, à ceux de
Boivin, dût-on nous appeler sauvage ; des sal-
tahs ou jaquettes de velours étincelantes de
broderies et de paillon, des costumes albanais
avec la fustanelle, les knémides qui rappellent les jambards d'étain des guerriers d'Homère, les vestes roides de soutaches et de passementeries, luisant au soleil comme des
cuirasses ; des selles aux ornements enlacés
et déliés comme l'écriture arabe ; des armes
constellées de nacre, de corail, de diamants
et de rubis ; des fusils de filigrane d'argent,
des lames de Damas où dans la moire bleue
de l'acier courent en lettres d'or des versets du
Coran, des tasses à café sculptées dans des co-
quilles de nacre, des cuillers d'ambre jaune,
des bouquins de même matière, cerclés de
turquoises et de perles ; des tuyaux de pipe en
jasmin, en ébène, en cerisier, à faire conce-
voir l'idée du vol au fumeur le plus honnête ;
des bottes d'écuyer en maroquin rouge, ra-

magées de dessins en similor d'un goût merveilleux; des glands de Fez, des jarretières
de soie et d'argent, des courtes-pointes cra-
moisies, piquées d'or, sous lesquelles se ta-
pissent les odalisques frileuses, lorsque la
brise, venant de Russie, souffle par les treillis
vernissés. La laine, le feutre, le drap qu'on
parvient à distinguer quelquefois sous la flo-
raison touffue des broderies, montrent qu'on
a affaire avec un Orient moins torride et plus
voisin de notre Europe. Le goût général,
quoique magnifique, montre qu'on n'a pas
toujours sur la tête un soleil chauffé à blanc,
et n'indique pas cette lutte désespérée contre la lumière, dont nous parlions tout à l'heure
à propos de l'Inde.

Tunis est plus sombre encore de dorures.
De belles draperies blanches, de larges rayu-
res de couleurs tranchées, des armes plus féroces et moins chargées de bijoux, indiquent
l'approche du désert, la rude nature africaine; les courses effrénées dans le sable ar-
dent; c'est la beauté mâle et nerveuse de
l'Arabe, qui vit sous la tente de poil de cha-

meau, loin des villes, en face de Dieu, exposé à tous les dangers de la solitude.

L'Égypte abonde en productions naturelles; on y reconnaît la fertilité de la terre antique où le Nil écrit, avec les couches successives de ses inondations, des chronologies à démentir les Genèses et les cosmogonies. La nomenclature des riz, des blés, des opiums, des chanvres, des dattes, des cotons, des maïs est infinie. Les objets d'art ou de fabrication sont moins nombreux : ce sont des gazes, des crêpes, des chemises de mousseline opaque et transparente, des voiles de femme à fond rouge et moucheté d'or, des cordons de soie pour attacher les pantalons; des yasmas, des yardakanis, dont les femmes se coiffent ou qu'elles portent en tablier à peu près comme les Moresques d'Alger, des selles de dromadaire et de chameau, des chapelets en noyaux de palmier doum, des œufs d'autruche, des tarbouchs, des gargoulettes en terre de Thèbes qui rafraîchissent l'eau sous ce ciel de feu, aussi parfaites, aussi pures de forme que si elles eussent été tournées sur la roue

du potier au temps de Rhamsès ou de
Thoutmosis, des narguilhés, des cassolettes,
et réjouissez-vous, sainte phalange des épi-
ciers, du sucre raffiné de la raffinerie d'Ibra-
him-Pacha.

L'Algérie, étant infestée par les Français,
n'a que très-peu de produits sauvages : quelques haïcks, quelques gandouras, quelques
burnous, des jupes de juives historiées d'or,
une natte tissue de laine et de fibres de palmier, rappellent seuls l'ancienne industrie
des peuplades barbaresques.

Si l'Espagne, que nous aimons de tout
notre cœur, voulait bien ne pas se fâcher du
compliment, car c'en est un dans notre bouche, nous la rattacherions à nos barbares par
ses belles capas de muestra de Valence,
rayées transversalement de couleurs d'une
harmonie tranchée digne d'un châle de l'Inde
ou d'un tapis de Smyrne. Le dessin et les
nuances ne doivent pas avoir subi la moindre
altération depuis l'invasion des Mores, et
Florinde, assurément, a bien fait de mesurer
sa jambe au bord du Tage, en face de la se-

lettre de Rodrigues ; car, sans elle, les chrétiens n'auraient jamais su zébrer une étoffe d'un jaune et d'un rouge si doux et si éclatant à l'œil. Est-ce que cette énorme jarre moulée à Toboso, la patrie de don Quichotte, formidable Tinaja, foudre d'Heidelberg en argile, ne vous fait pas songer à l'histoire d'Ali-Baba et des quarante voleurs ?

Ces figurines représentant des scènes du combat de taureaux, des muletiers, des contrebandiers, des majos, ne sont-elles pas cousines des petits groupes indiens que nous avons décrits ? Ces lames de Tolède ne tiendraient-elles pas bien leur place à côté des aciers de Damas ? Cette épée, flexible comme une cravache, qui a pour gaîne un serpent arrondi en cercle, ne vaut-elle pas ce sabre avec lequel le sultan Saladin coupait des oreilles au vol sous la tente de Richard Cœur de Lion ? N'y a-t-il rien de la veste sarrasine dans la veste bariolée de l'arriero, et le harnachement des mules n'a-t-il pas conservé fidèlement la tradition de la sellerie arabe

La Circassie, la Géorgie relient la Russie aux barbares pittoresques par leurs belles armes aux formes moyen âge et leurs maroquins cousus de fleurs d'or, dont nous faisons plus de cas que de ses panneaux de malachite.

Nous n'avons pas rangé les Chinois dans cette catégorie; les Chinois ne sont pas des barbares, mais des civilisés au dernier degré de décrépitude, presque tombés en enfance. Ils ont les vices, les recherches et les maladies de la vieillesse. La beauté consiste pour eux dans des inventions chimériques. Ils demandent aux déviations infinies du laid les moyens de raviver leur goût blasé et monstrueux. Malgré mille délicatesses charmantes, mille ingéniosités singulières, ils restent inférieurs, a nos yeux, aux Indiens, aux Orientaux et même aux sauvages. Au fond, ils sont affreusement bourgeois.

Maintenant que cette revue est à peu près terminée, disons l'idée qui, pour nous, en résulte.

En fait de couleur et de goût, les barbares

l'emportent infiniment sur les civilisés. Leurs armes, leurs étoffes, leurs selles, leurs nattes, leurs tapis, leur poterie, leur joaillerie dépassent de beaucoup les nôtres en *beauté*. L'Exposition leur donne pleine victoire sur ce point. Pourtant ils n'ont ni métiers ni machines; leurs outils sont grossiers, leurs procédés imparfaits; mais c'est à cause de cela qu'ils sont humains. Les machines donnent des résultats parfaits, irréprochables, mathématiques, toujours égaux à eux-mêmes. Elles ne s'ennuient pas, elles ne pensent pas à autre chose en faisant leur ouvrage. Elles n'aiment ni ne haïssent, ni ne jouissent ni ne souffrent; de là je ne sais quoi de criard, de glacé, de sec, d'impersonnel. Dans ce chiffon de gaze indienne, dans cette broderie turque, dans cette natte d'Afrique, il y a une âme : la machine est sans cœur comme Fœdora. Voilà tout le secret.

FIN DU TOME PREMIER.

TABLE DES MATIÈRES

FIN DE LA TABLE.